UNION DES CHAMBRES SYNDICALES LYONNAISES

Lyon — 1, rue du Bât-d'Argent, 1 — Lyon

(Séance du 20 Mars 1907)

PROJET DE LOI

SUR LE

CONTRAT DE TRAVAIL

UNION DES CHAMBRES SYNDICALES LYONNAISES

BUREAU POUR : 1906-1907

Président honoraire fondateur.	. MM. Léon PERMEZEL.
Président.	Auguste TESTE.
Vice-Présidents.	Antoine PERRIN et H. CHAMONARD.
Trésorier.	A. CHEVROT.
Secrétaire	Antoine RIVOIRE.
Secrétaire adjoint.	A. DUMAS.

Syndicats Adhérents :

1. **Acheteurs de Soieries pour la France et l'exportation**, 1, rue Bât-d'Argent. Président, M. G. GOUDCHAUX, 8, place Pénitents-de-la-Croix.

2. **Ameublement**, 8, rue des Archers. Président, M. A. BASTET. 3, rue Président-Carnot.

3. **Automobile**, 9, rue Boissac. Président, M BERLIET. Délégué, M. F. PILAIN, 12, rue Monvert.

4. **Banque et Bourse**, 1, rue du Bât-d'Argent. Président, M. F. AYNARD ; Délégué, M. H. CHARBONNIER, 6, rue du Bât-d'Argent.

5. **Boucherie**, 13, rue Sainte-Catherine. Président, M. J. PATUREL, 27, rue de Saint-Cyr.

6. **Brasseurs et Entrepositaires de bières**. Président, M. THOMAS ; Délégué, M. S.-C. RADISSON, 22, quai de Cuire, à Caluire-et-Cuire.

7. **Commerce des Bois**, 8, rue des Archers. Président, M. JOSSERAND, 13, rue de Bourgogne.

8. **Commerce des Fers, Métaux. Machines-Outils et Ferronnerie**, 1, rue Bât-d'Argent. Président, M. C. CABAUD, 5, rue de Penthièvre.

9. **Commissionnaires en primeurs.** Président, M. F. LAUPIES ; délégué, M. M. JANIN, 11, quai de la Guillotière.

10. **Entrepreneurs de Transports de la région lyonnaise**, 1, rue du Bât-d'Argent. Président, M. A. CHEVROT, 14, rue Vauban.

11. **Entrepreneurs de Travaux de bâtiment**, 8, rue des Archers. Président, M. C. BERLIE, 2, rue Paul-Chenavard.

12. **Epicerie lyonnaise**, 1, place des Terreaux. Président, M. SIVET, 5, rue Bugeaud.

13. **Fabricants de chaussures en gros**. Président, M. A. CELLE ; Délégué, M. SERVAJEAN, 55, rue Molière.

14. **Fabricants de Chaux hydraulique et Ciments**. Président, M. DE LAFORTE ; Délégué, M. L. ROUSSET, 13, rue de l'Annonciade.

15. **Fabricants de Corsets**, 2, rue de la Poulaillerie. Président, M. J. HÉRARD, 63, boulevard des Brotteaux.

16. **Fabricants de produits pharmaceutiques**. Président, M. L. VIAL, 41, grande rue de Vaise.

17. **Fabricants lyonnais de Chapellerie**. Président, M. TIVILLIER ; Délégué, M. CUNY-RAVET, 21, rue Centrale.

18. **Fabrique lyonnaise**, 1, rue du Bât-d'Argent. Président, M. Th. DIÉDERICHS ; Délégué, M. Emile BABOIN, 31, rue Royale.

19. **Horticulteurs de la région lyonnaise**, 2, rue Mulet. Président, M. C. JACQUIER fils ; Délégué, M. Ant. RIVOIRE, 16, rue d'Algérie.

20. **Imprimeurs et industries qui s'y rattachent**. Président, M. P. LEGENDRE, 14, rue Bellecordière.

21. **Industrie des Cuirs et Peaux**. Président, M. A. PERRIN, 65, rue des Maisons-Neuves, Villeurbanne.

22. **Liqueurs et Alcools en gros**. Président, M. É. BRUNIER ; Délégué, M. A. DUMAS, 9, rue Gasparin.

23. **Maisons de Nouveautés, Vêtements et Accessoires**, 1, rue du Bât-d'Argent. Président, M. BERNE, 6, place des Cordeliers.

24. **Marchands de Charbons en gros**, 78, rue de la Charité. Président, M. A. STREICHENBERGER, 4, rue des Deux-Maisons.

25. **Marchands de soie**, 29, rue Puits-Gaillot. Président, M. Ed. PAYEN ; Délégué, M. H. CHAMONARD, 9, rue de l'Arbre-Sec.

26. **Métallurgie**, 72, rue Pierre-Corneille. Président, M. P. DEMANGE ; Délégué, M. A. TESTE, 20, rue de la Claire.

27. **Meunerie**. Président, M. G. CHAMBEYRON ; Délégué, M. J. MULLIAT, 319, avenue des Ponts.

28. **Négociants**, 2, rue de la Poulaillerie. Président, M. F. RICARD, 23, rue des Capucins.

29. **Négociants et Commissionnaires en bestiaux**. Président, M. F. TRIFFOZ, 50, cours Émile-Zola, à Villeurbanne.

30. **Papiers en gros**, 27, rue de l'Arbre-Sec. Président, M. H. ALIBAUX, 78, rue Molière.

31. **Pharmaciens**. Président, M. CHEVILLON ; Délégué, M. A. ANDRÉ, 5, place du Change.

32. **Produits chimiques, Droguerie. Denrées coloniales, Pâtes alimentaires**, 23, passage des Terreaux. Président, M. Lucien PICARD, à Saint-Fons.

33. **Propriétés immobilières de la ville de Lyon**, 72, rue Pierre-Corneille. Président, M. A. ARAUD, 21, cours Morand.

34. **Restaurateurs, Hôteliers et Limonadiers**. Président, M. P. PÉRONNET ; Délégué, M. F. MICHALLET, 66, rue de la République.

35. **Soierie lyonnaise**, 19, rue Puits-Gaillot. Président, M. P. GUÉNEAU ; Délégué, M. H. GENIN, 18, rue des Capucins.

36. **Syndicat lyonnais des Transports**, 1, rue du Bât-d'Argent. Président, M. VAN DEURSEN ; Délégué, M. VANEL, 2, quai Saint-Clair.

37. **Teinture en pièces, Apprêt, Impression et industries similaires**, 6, quai de Retz. Président, M. ROBIN, 17, rue du Commandant-Faurax.

38. **Teinture et Apprêt**, 6, quai de Retz. Président, M. Joseph GILLET ; Délégué, M. G. ANCEL, 69, cours de la République, à Villeurbanne.

39. **Tissage mécanique des Soieries**, 18, rue Neuve. Président, M. A. BOUCHARD, 10, rue du Griffon.

40. **Vins, Spiritueux et Liqueurs en gros**, 4, rue du Plâtre. Président, M. F. TOURNIER, 13, boulevard du Sud.

Secrétaire-Archiviste, M. Joanny PEY, 1, rue du Bât-d'Argent.

UNION DES CHAMBRES SYNDICALES LYONNAISES

1, Rue du Bât-d'Argent. — *LYON*

PROJET DE LOI SUR LE CONTRAT DE TRAVAIL

Déposé le 2 Juillet 1906.

Présidence de M. A. TESTE, *président.*

Dans sa séance du 20 mars 1907, le Conseil central de l'Union des Chambres syndicales lyonnaises a étudié le rapport suivant, présenté par M. H. CHAMONARD, au nom de la Commission spéciale[1].

MESSIEURS,

La Commission spéciale que vous avez nommée pour étudier le projet de loi n° 158 déposé par le Gouvernement le 2 juillet 1906 sur le Contrat de Travail, a l'honneur de vous rendre compte de son examen.

I

La Commission a, tout d'abord, jugé bon de déterminer d'après quels principes fondamentaux l'étude de ce projet de loi devait être poursuivie.

Un projet de réglementation du Contrat de Travail est évidemment une tentative intéressante. L'évolution industrielle et commerciale, la modification des nécessités professionnelles et celle des rapports entre employeurs et employés qui en dérive, ont créé de nouveaux usages, des obligations réciproques, comme le dit justement l'Exposé des motifs du projet de loi,

[1] Cette Commission est composée de : MM. H. CHAMONARD, président; A. TESTE, A. PERRIN, A. CHEVROT, A. RIVOIRE, A. DUMAS, H. ALIBAUX, A. ANDRÉ, A. ARAUD, E. BABOIN, BASTET, C. BERLIE, A. BOUCHARD, C. CABAUD, H. CHARBONNIER, CUNY-RAVET, H. GENIN, J. GILLET, G. GOUDCHAUX, GRAND-CLÉMENT, J. HÉRARD, M. JANIN, P. LEGENDRE, A. LIGNON, J. MILLIAT, J. PATUREL, L. PICARD, F. PILAIN, F. RICARD, L. ROUSSET, L. SERVAJEAN, A. STREICHENBERGER, B. VANEL.

1

qu'il pouvait être bon de codifier, pour diminuer autant que possible, par l'établissement de règles bien déterminées, les occasions de conflits trop fréquentes qui ne peuvent qu'envenimer ces rapports.

L'intention de l'auteur du projet est donc louable, et on ne peut aussi qu'approuver la préoccupation qu'il manifeste de protéger l'employé contre des abus possibles de la part de l'employeur. Cependant, il ne faut pas que cette préoccupation dépasse le but jusqu'à faire pencher la balance en sens contraire par la présomption de l'abus prise comme principe. Et c'est malheureusement une tendance que l'on rencontre trop souvent dans le projet de loi que nous étudions. Il ne faut pas perdre de vue, en effet, qu'avec l'organisation ouvrière telle qu'elle existe actuellement, avec le droit de grève, les groupements syndicaux, etc., l'employé n'est plus un être faible et isolé entre les mains de l'employeur et qu'au contraire, c'est souvent le patron qui se trouve à peu près désarmé en face de la pression ouvrière.

D'ailleurs, tout en prévoyant et en cherchant à réprimer les abus possibles de part et d'autre, ne vaut-il pas mieux chercher à les prévenir, et le meilleur moyen d'y arriver n'est-il pas de laisser les conditions du Contrat se discuter librement entre les parties directement intéressées — et entre celles-là seulement — sans aucune intervention étrangère — et de chercher ensuite à en assurer l'exécution loyale en limitant leur application aux seules parties intervenues à leur conclusion.

De ces considérations découlent les conditions fondamentales suivantes, auxquelles votre Commission estime que devrait satisfaire une réglementation du Contrat de Travail pour que l'œuvre fût utile et bonne.

1° Garantie et respect de la liberté individuelle et, par conséquent, des conventions librement débattues et consenties, pourvu qu'elles ne soient contraires ni à l'ordre public ni aux bonnes mœurs ;

2° Limitation aux seules parties directement intéressées du droit d'intervention à la discussion du contrat;

3° Limitation, aux seules parties intervenues directement à la conclusion du contrat, des obligations résultant des engagements réciproques;

4° Réciprocité des obligations et garantie de leur observation par des sanctions efficaces de part et d'autre.

C'est de cette quadruple règle, ainsi que vous le verrez quand nous arriverons à la discussion détaillée des articles, que votre Commission s'est inspirée rigoureusement dans l'examen du projet soumis à son étude, soit en proposant les modifications nécessaires pour faire rentrer telles dispositions dans les limites des principes ci-dessus : soit en repoussant absolument les dispositions qui lui paraissaient incompatibles avec l'esprit de liberté et de réciprocité.

C'est dans cet esprit notamment qu'elle a étudié les dispositions du *Titre 2*, relatives aux Conventions collectives et qui forment la partie la plus originale, mais aussi la plus délicate du projet de loi. Notons en passant que les autres divisions du projet sont :

TITRE 1. — *Formation du Contrat de Travail ;*

TITRE 3. — *Des règlements d'atelier ;*

TITRE 4. — *Effets du Contrat de Travail ;*

TITRE 5. — *Cessation et rupture du Contrat de Travail.*

Quelles sont au fond les idées qui ont présidé à la rédaction de ces dispositions sur les Conventions collectives? L'Exposé des Motifs du projet nous fournit sur ce point des indications assez précises. Le projet se propose, dit l'Exposé, de définir juridiquement et de favoriser des *Conventions collectives* qui permettent aux ouvriers de la grande industrie, aux employés du grand commerce, de conclure, avec leurs employeurs, sur un pied de réelle égalité leurs Contrats de travail. (Notons une fois pour toutes que dans le projet de loi, comme dans le présent rapport, le mot employé a la signification générale de salarié à quelque catégorie qu'il appartienne et que le mot « employeur » désigne tout patron quel qu'il soit[1].)

L'Exposé estime tout d'abord que les dispositions législatives actuelles relatives au contrat de travail sont insuffisantes, que le Code Civil est muet sur les obligations qui naissent pour les parties, de la formation du contrat de travail ; et que l'ignorance dans laquelle se trouvent les contractants de la portée exacte de leurs droits et de leurs devoirs, n'est sans doute pas étrangère à la multiplicité des conflits qui surgissent à l'occasion de ces Contrats.

Il explique ensuite comment aujourd'hui, par l'application plus étendue du machinisme, la concentration industrielle s'accentuant de jour en jour, l'inégalité des parties devient de plus en plus flagrante. Dans ces grands établissements qui occupent des centaines d'ouvriers, l'ouvrier isolé est sans défense en face de l'employeur, qui n'est souvent lui-même que le représentant d'une société anonyme.

---

[1] Nous aurions préféré que le projet de loi au lieu des termes génériques « employeurs et employés », conservent ceux de : patrons, ouvriers, employés, dont l'acception courante est connue de tous.

Pour obvier à de tels inconvénients, le projet de loi institue et réglemente la Convention collective de travail. C'est, nous dit l'Exposé, une forme nouvelle de contrat qui n'a pas encore reçu de consécration légale, mais qui tend à se répandre de plus en plus, et qui doit déterminer les conditions générales auxquelles devront satisfaire les Contrats de travail individuels.

Toutefois, la matière étant des plus délicates, l'Exposé se défend de prétendre avoir fait œuvre définitive. La Convention collective, nous dit-il, n'est encore qu'en voie d'évolution. Le Projet a essayé de tenir compte de ce qu'elle est déjà et de ce qu'elle apparaît devoir être dans un avenir prochain. Ses conséquences pourront se développer au-delà des principes qui sont dès à présent posés, et entraîner de nouvelles réformes. Ce sera l'œuvre de demain.

Ces considérations générales semblent au premier abord empreintes d'une modération faite pour disposer en leur faveur. Mais, si l'on y regarde de plus près et surtout à la lumière des articles 12, 16, 17, 18, il est aisé de voir que, dans l'esprit de l'auteur du projet, la Convention collective doit avoir le pas sur le Contrat individuel, et se substituer à lui.

Telle est l'innovation véritablement considérable et grosse de conséquences contenue dans le projet de loi. C'est contre cette innovation que votre Commission s'est élevée le plus vigoureusement.

Si on voulait laisser aux Conventions collectives la forme de véritables contrats destinés à régler toutes les conditions du travail entre une ou plusieurs collectivités ouvrières et un ou plusieurs employeurs, nous serions prêts à en approuver la reconnaissance légale, mais à condition qu'elles restent dans les limites des règles posées plus haut. A savoir : d'être librement et directement discutées et consenties par toutes les parties intéressées ; de n'engager que les parties intervenues à leur conclusion et les ayant acceptées, et enfin d'être garanties par des sanctions réelles et efficaces de part et d'autre. Malheureusement, à ce dernier point de vue seul, nous nous heurtons déjà à des difficultés presque insurmontables ; car, si du côté de la responsabilité patronale la sanction semble facile à appliquer, il ne paraît pas que du côté des employés, l'auteur du projet ait prévu de moyens pratiques : dépôt de cautionnement, retenue sur les salaires proportionnelle à l'importance des intérêts en jeu qui donnent à l'employeur une garantie suffisante de l'exécution de ces engagements collectifs.

Jusqu'à ce que le projet de loi actuellement devant le Parlement sur les syndicats professionnels ait été voté, il y a d'ores et déjà, un vice fondamental qui risque de rendre caduque toute tentative de réglementation du contrat collectif avec engagements réciproques.

Sous une autre forme plus générale, la convention collective pourrait aussi être admise ; ce serait si elle n'intervenait que comme une sorte de codification des usages généraux destinée à uniformiser la réglementation du travail, et toujours d'ailleurs répudiable par voie d'accords particuliers dérogatoires. Mais, sous cette forme, elle ne devrait pas viser les salaires, poursuivre l'utopie de fixer le prix du travail, prix qui varie essentiellement non pas seulement d'après la loi inéluctable de l'offre et de la demande, mais aussi d'après la valeur professionnelle de l'ouvrier, son habileté, son assiduité, ses capacités, et enfin, d'après la situation économique de l'industrie et du commerce.

Or, dans le projet de loi, et dans l'esprit de ses auteurs, il n'en est pas ainsi. La Convention collective devra viser non seulement les usages, mais aussi les salaires. Nous entrons donc d'emblée dans la recherche et l'application du salaire normal ou minimum discuté par les Syndicats ouvriers et patronaux et s'imposant à tout le monde.

Ce projet utopique nous a paru inspiré par les décrets d'Août 1899 sur les conditions du travail dans les marchés de travaux publics. Ces décrets stipulent qu'il sera payé aux ouvriers un salaire normal égal, pour chaque profession — et, dans chaque profession, pour chaque catégorie d'ouvriers — au taux couramment appliqué dans la ville ou la région où le travail est exécuté. Le salaire normal serait déterminé par accords entre Syndicats ouvriers et patronaux ou à défaut par des commissions mixtes. Ces conditions ont été appliquées tant bien que mal dans les adjudications concernant les marchés de l'Etat, mais les Départements et les Communes pour lesquelles l'observation de ces clauses était facultative ne paraissent pas s'en être sérieusement préoccupés.

Dans l'esprit de leurs auteurs, les décrets du 10 Août 1899 devaient s'étendre peu à peu hors des limites pour lesquelles ils paraissaient avoir été édictés. On espérait que la force des choses et l'énergique action des ouvriers syndiqués tendraient à propager leurs principes, comme une bienfaisante contagion, des travaux visés par les décrets à ceux qu'ils ne concernaient pas. Cette « contagion bienfaisante » toutefois ne s'est pas effectuée et, après comme avant, le principe de la libre discussion des conditions et prix du travail a été généralement respecté.

Le projet actuel est une nouvelle tentative pour obtenir ce que ses auteurs considèrent, de bonne foi d'ailleurs, comme une amélioration du sort de l'employé, mais même à ce point de vue on peut mettre en doute l'efficacité d'une Convention collective déterminant les conditions du travail et fixant notamment le montant des salaires. Jamais une pareille Convention n'aura la plasticité nécessaire pour se plier aux multiples circonstances de la vie industrielle et commerciale. L'une de ses premières conséquences sera d'entraîner pour les travailleurs un préjudice certain, car si la Convention collective fixe un salaire normal, il est à craindre ou plutôt il est certain que les ouvriers faibles ou âgés seront radicalement écartés, parce qu'ils ne produiront pas le travail correspondant au salaire normal.

Sans doute, il existe une école de travailleurs qui préconise la suppression du travail aux pièces, et son remplacement par le travail à la journée ; mais les arguments fournis jusqu'ici ne sont pas déterminants et jusqu'à nouvel ordre, le travail aux pièces paraît avoir son existence assurée.

Ainsi donc déjà sur le point capital du salaire qui intéresse le plus l'employé, l'action de la Convention collective n'aura qu'une influence déprimante.

De même, pour les conditions proprement dites du travail, on est en droit de se demander quels bienfaits une Convention collective peut procurer qui ne puissent aussi bien et mieux être procurés par un contrat ordinaire ou un règlement d'atelier. Le mode de rémunération du travail, les heures d'entrée et de sortie, les amendes, leur emploi, etc., tout cela est bien mieux à sa place dans un règlement d'atelier spécial à la maison où il est appliqué, adapté à ses conditions de travail ; établi, d'ailleurs, dans des conditions offrant toute garantie aux employés. Point n'est besoin d'une loi générale qui ne peut se modeler d'après les espèces et qui, devant, par conséquent, prévoir des mesures générales et moyennes, ne peut que nuire à ceux qu'elle prétend avantager.

Le projet de loi que nous examinons va d'ailleurs plus loin. Non seulement son but manifeste est, comme nous le disions plus haut, de substituer au contrat de travail ordinaire, ces conventions collectives, mais bien plus, il prétend en faire des espèces de lois d'ordre public et, comme elles, intangibles, planant au-dessus de toute une région et étendant, sur toutes les entreprises de cette région, leur influence tyrannique, sans possibilité de dérogation. Et, comme inspirateur de ces lois, comme détenteur de cette influence, en remplacement du libre consentement réciproque nous voyons apparaître le pouvoir collectif et anonyme du Syndicat. Cela, jamais l'industrie française ne pourra l'accepter ; jamais nous ne pourrons admettre que des personnes, employeurs ou employés, n'ayant pas été parties à un contrat, soient cependant obligatoirement soumis, nonobstant toute convention contraire, à son observation. C'est non seulement la suppression de la liberté individuelle, mais la négation de tous les principes du droit et du bon sens.

La convention collective dépasse donc son but si on entend la substituer au contrat de travail individuel. Elle constituerait un retour non déguisé aux corporations d'autrefois, et dans ce qu'elles avaient de plus oppressif.

Elle est de nature à amoindrir la personnalité des ouvriers ; elle peut empêcher les bons ouvriers d'obtenir des salaires plus élevés que les salaires moyens, elle poussera les patrons à renvoyer les ouvriers médiocres, faibles, âgés, en un mot ceux qui ne travaillent pas pour les salaires qu'ils reçoivent.

Au fond, la convention collective ne serait même pas un progrès, ce serait plutôt une regression, car les Sociétés primitives ont dû vivre sous le régime de la convention collective et de nos jours on en retrouve des traces et mêmes des applications chez les peuples retardataires, comme dans certaines provinces russes, en Asie, en Afrique.

D'ailleurs nous avons trop le respect de la personnalité humaine pour admettre un seul instant que la liberté individuelle puisse être virtuellement annihilée par une législation quelconque. La liberté individuelle, le droit de travailler sont des droits intangibles et sacrés ; et nous devons repousser énergiquement tout ce qui tend à les affaiblir et à en restreindre l'exercice.

Tels sont les principes qui ont guidé votre Commission. Elle a considéré qu'elle ne devait pas repousser en bloc le projet de loi malgré les dispositions inacceptables qu'il contient, mais que les représentants du commerce et de l'industrie devaient collaborer à l'étude de ce projet avec l'intention bien arrêtée de l'améliorer. Les changements survenus dans l'organisation française du travail depuis cent ans justifient sans doute des modifications dans la législation qui date, elle aussi d'un siècle ; mais ils n'impliquent nullement l'idée que les principes qui ont présidé à l'établissement de cette législation doivent être abandonnés. Ces principes ont pour base le respect de la liberté individuelle, de la personnalité humaine ; et aucun sophisme ne saurait prévaloir contre eux.

C'est dans cet esprit que nous avons étudié le projet de loi, et sur beaucoup de points, nous avons été aidés par un mémoire documenté dû à notre collègue M. Cuny-Ravet, délégué du Syndicat des fabricants de chapellerie, que nous remercions au nom de la Commission.

PROJET DE LOI SUR LE CONTRAT DE TRAVAIL

Déposé le 2 Juillet 1906.

TEXTE DU PROJET DE LOI | MODIFICATIONS PROPOSÉES

TITRE PREMIER

Formation du Contrat de travail

ARTICLE PREMIER.

Le contrat de travail est le contrat par lequel une personne s'engage à travailler pour une autre qui s'oblige à lui payer un salaire calculé, soit à raison de la durée de travail, soit à proportion de la qualité ou de la quantité de l'ouvrage accompli, soit d'après toute autre base arrêtée entre l'employeur et l'employé.

Ne sont pas soumis aux dispositions du présent titre les contrats passés par les personnes qui offrent leur travail non à un ou plusieurs employeurs déterminés, mais au public.

ARTICLE PREMIER.

Conforme.

Ne sont pas soumises aux dispositions du présent titre les personnes qui offrent leur travail non à un ou plusieurs employeurs déterminés, mais au public.

ART. 2.

Le fait que l'employé fournit la matière en même temps que le travail n'empêche pas la convention d'être un contrat de travail, pourvu que la matière puisse être considérée comme l'accessoire du travail.

ART. 2.

Conforme.

ART. 3.

Le contrat de travail est dit « contrat individuel » lorsqu'il se forme entre un employeur unique et un employé unique.

ART. 3.

Le contrat de travail est dit « contrat individuel » lorsqu'il se forme entre un employeur unique et chaque employé pris isolément.

PROJET DE LOI SUR LE CONTRAT DE TRAVAIL

Déposé le 2 Juillet 1906.

OBSERVATIONS

ARTICLE PREMIER.

Ainsi que nous l'avons dit, ce texte consacre l'emploi des mots : employeur et employé, dans leur sens général, aux lieu et place des patron, ouvrier, employé, pour bien indiquer qu'il s'agit, non pas seulement des patrons et ouvriers de l'industrie, mais aussi des patrons et ouvriers du commerce et de travaux intellectuels.

Le § 2 demande des éclaircissements en ce qui concerne les personnes qui offrent leur travail non à un ou plusieurs employeurs déterminés, mais au public.

L'*Exposé des motifs* indique comme exemple une distinction entre l'ouvrier, tailleur à façon, travaillant avec un ou plusieurs marchands de vêtements — et le même travaillant avec les particuliers. Dans le second cas, les règles du contrat de travail ne seront pas applicables. Il y aura donc, à l'occasion de ce § 2, des difficultés d'interprétation : par exemple, les travaux d'un frotteur qui emploie du personnel sous sa propre responsabilité, pour le nettoyage des bureaux, seront-ils assujettis au contrat de travail visé par l'article premier ?

ART. 2.

Sans observation.

ART. 3.

La modification que nous demandons a pour but de préciser le sens du mot « individuel », en indiquant qu'il peut n'y avoir qu'un employeur, mais que tout en traitant avec plusieurs employés isolément, le contrat conserve son caractère individuel.

Art. 4.

Le contrat de travail est dit « contrat d'équipe » lorsqu'il se forme entre un employeur et une collectivité d'employés ou les représentants de celle-ci.

Art. 4.

Le contrat de travail est dit « contrat d'équipe » lorsqu'il se forme entre un employeur et une collectivité d'employés ou les représentants de celle-ci *choisis parmi eux.*

Art. 5.

Lorsque des employés, engagés dans les conditions définies à l'article premier, doivent, en vue de l'exécution des travaux convenus, organiser ou conduire des groupes ou brigades, ils sont de plein droit présumés agir à titre de mandataires du chef de l'entreprise, dans leurs rapports avec les employés faisant partie de ces groupes ou brigades.

Nulle preuve n'est admise contre cette présomption.

Art. 5.

Lorsque des employés, engagés dans des conditions définies à l'article premier doivent, en vue de l'exécution des travaux convenus, organiser ou conduire des groupes ou brigades, ils sont, sauf preuve contraire, présumés agir à titre de mandataires du chef de l'entreprise, dans leurs rapports avec les employés faisant partie de ces groupes ou brigades.

§ final *supprimé.*

Art. 4.

La Commission estime, conformément aux considérations émises plus haut, que les représentants de la collectivité d'employés appelés à traiter, doivent être choisis parmi eux. Il est essentiel, pour la bonne harmonie sociale, qu'on laisse le moins possible la porte ouverte à des étrangers à la maison pour laquelle le contrat d'équipe est fait. C'est pour cela que la Commission demande l'addition des mots : *choisis parmi eux*.

Art. 5.

Cet article a en vue d'entraver le marchandage. Il est inspiré par les décrets d'août 1899 sur les conditions du travail dans les marchés de travaux publics. Il est dit dans ces décrets que « l'entrepreneur ne pourra céder à des sous-traitants aucune partie de son entreprise à moins d'autorisation administrative et sous la condition de rester personnellement responsable, tant envers l'Administration que vis-à-vis des tiers.

Le mérite des décrets de 1899 était d'être clairs, tandis que l'article 5 que nous examinons est loin d'être précis ; il contient virtuellement des conséquences que le rédacteur semble avoir passées volontairement sous silence.

Tout d'abord, il est au moins étrange de lire dans un texte juridique que *nulle preuve contraire n'est admise contre une présomption :* des présomptions ne sont généralement pas des preuves.

D'autre part, le marchandage que le projet de loi cherche à entraver est-il d'ailleurs toujours un mal ? L'expérience permet d'affirmer le contraire.

Le 28 avril 1899, l'Union des Chambres syndicales lyonnaises, étudiant le projet de loi rapporté par M. Pierre BAUDIN *sur les clauses et conditions des marchés de travaux publics*, s'exprimait ainsi :

« Le décret du 2-4 mars 1848 interdit, comme on le sait, l'exploitation de l'ouvrier par des sous-entrepreneurs, ou marchandage.

« Le marchandage est l'action des entrepreneurs ou des tâcherons qui, après s'être rendus adjudicataires d'un travail, traitent en seconde ou troisième main à forfait, avec les ouvriers, pour la confection de telle ou telle partie du travail. C'est aussi le système d'entreprises générales par lesquelles le travail est ensuite partagé au rabais entre un grand nombre d'entrepreneurs.

« Que ce système présente quelques inconvénients, personne ne peut le nier. Mais il faut voir si la somme des avantages ne dépasse pas celle des inconvénients.

« D'une part, le marchandage, qui consiste dans le travail à la pièce, est

Art. 6.

Le contrat de travail est soumis, quant à sa formation, aux règles du droit commun, sous réserve des dispositions ci-après.

Art. 7.

On ne peut engager son travail qu'à temps ou pour une entreprise déterminée.

Art. 8.

En matière de contrat de travail, la preuve testimoniale est toujours admise, à défaut d'écrit, quelle que soit la valeur du litige.

Art. 6.

Conforme.

Art. 7.

Conforme.

Art. 8.

En matière de contrat de travail, la preuve testimoniale est toujours admise, à défaut d'écrit, jusqu'à 150 francs.

avantageux à l'ouvrier comme au patron, car à l'un il assure un bénéfice proportionné à son activité, et à l'autre une livraison plus rapide.

« Est-il donc utile de paralyser ce genre de travail? Nous ne le croyons pas.

« Il a d'ailleurs fait ses preuves. M. GARNIER, membre de la Chambre de commerce de Paris, déclarait, dans un rapport sur cette question, que parmi les 12.000 patrons de l'industrie du bâtiment à Paris, il y a 11.000 anciens ouvriers dont beaucoup ont été marchandeurs. C'est parce qu'ils ont été marchandeurs qu'ils ont acquis les facultés administratives, la confiance et le crédit qui leur ont permis de devenirs entrepreneurs. »

On ne peut donc condamner en bloc, le marchandage.

Comme conséquence, la Commission est d'avis de remplacer les mots : *ils sont de plein droit*, par ceux-ci : *ils sont sauf preuve contraire*. Comme corollaire, la suppression du paragraphe final s'impose.

ART. 6.

Sans observation.

ART. 7.

Ce texte n'est que la reproduction du § 1 de l'article 1780 du Code Civil.

ART. 8.

La preuve testimoniale pour les litiges allant jusqu'à 150 francs est aujourd'hui admise. Le projet de loi propose de l'admettre pour n'importe quelle somme en matière de contrat de travail. Il y a évidemment quelque danger à admettre cette preuve sans limite, car un concert frauduleux peut s'établir et amener la perturbation et peut-être la ruine dans une entreprise industrielle. Or, on ne saurait laisser dépendre le sort d'une maison, d'une entreprise, d'un concert de réponses faites sous la foi du serment, garantie malheureusement assez faible de la vérité.

Ne serait-il pas préférable de s'en tenir au droit commun et de laisser les magistrats se déterminer par des présomptions graves, précises et concordantes ainsi que le veut le Code civil (art. 1363).

Jusqu'ici d'ailleurs le besoin ne s'est pas fait sentir d'étendre outre mesure la preuve testimoniale aux litiges entre employeurs et employés et jusqu'à ce que la nécessité en ait été démontrée, il vaut mieux conserver le *statu quo*. D'ailleurs le droit commun actuel permettant cette preuve jusqu'à 150 francs, nous paraît amplement suffisant pour sauvegarder les intérêts en cause. L'article 1781 ancien du Code civil portait que le maître était cru sur son affirmation pour la quotité des gages, pour le paiement du salaire de l'année

Art. 9.

Soit que le contrat de travail ait été constaté par écrit, soit qu'il ait été conclu verbalement, ou qu'il résulte seulement du fait, par l'employé, d'avoir, avec le consentement de l'employeur ou de son délégué, participé aux travaux du chantier ou de l'atelier, les parties sont censées, pour toutes les conditions non prévues expressément au contrat, s'être référées, à défaut de règlement d'atelier ou de convention collective, aux usages des lieux et de la profession.

Art. 9.

Conforme.

Art. 10.

Les conditions que l'employeur aura insérées dans un règlement d'atelier ou de travail ne sont réputées acceptées par l'employé qui conclut le contrat de travail que si elles ont été régulièrement publiées dans la forme prévue aux articles 26 et 27 du titre III ci-après et si l'employeur établit qu'elles ont été portées à la connaissance personnelle de l'employé.

Les modifications apportées aux conditions du contrat de travail par voie de règlement d'atelier ou de travail ne sont réputées acceptées par l'employé que sous les conditions indiquées au paragraphe précédent.

Art. 10.

Les conditions que l'employeur aura insérées dans un règlement d'atelier ou de travail ne sont réputées acceptées par l'employé qui conclut le contrat de travail que si elles ont été régulièrement publiées dans la forme prévue aux articles 26 et 27 du titre III ci-après.

§ *supprimé*

Art. 11.

Doit être considérée comme illicite toute clause du contrat de travail par laquelle l'une des parties a abusé du besoin, de la légèreté ou de l'inexpérience de l'autre pour lui imposer des conditions en désaccord flagrant, soit avec les conditions habituelles de la profession ou de la région, soit avec la valeur ou l'importance des services engagés.

Art. 11.

Supprimé.

échue, et pour les acomptes donnés pour l'année courante. Cet article a été supprimé, parce qu'il donnait un privilège au maître. Pourquoi le rétablir?

Art. 9.

Nous devons renvoyer, en ce qui concerne la convention collective, à l'article 12.

Art. 10.

Cet article se réfère au titre III qui traite du *Règlement d'atelier* et que nous étudierons sous les articles 26 et 27.

Toutefois le dernier alinéa du § 1ᵉʳ ainsi conçu : « *et si l'employeur établit qu'elles ont été portées à la connaissance personnelle de l'employé* » nous a paru devoir être supprimé.

Il nous semble, en effet, que si le règlement d'atelier ou de travail a été régulièrement publié, l'employé aura dû en prendre ample connaissance, alors pourquoi obliger l'employeur à fournir une preuve qui ne sera qu'une superfétation en même temps qu'un nid à difficultés.

Le § 2 de l'article nous paraît également devoir être supprimé parce qu'il fait double emploi avec les articles 26 et 27 concernant les règlements d'atelier; dans tous les cas la place de ce paragraphe n'est pas à l'article 10.

Art. 11.

Nous demandons la suppression de cet article. Ses dispositions ouvriraient la porte à l'arbitraire le plus complet. Un employeur prenant compassion d'un employé de faible constitution, ou un peu maladif, ou simplement âgé, l'embauche moyennant un prix de journée en rapport avec sa capacité de travail ; qui est-ce qui empêchera cet employé, au moment de recevoir sa paie, de dire que l'employeur a abusé du besoin où il se trouvait pour lui imposer des conditions désavantageuses et un bas salaire?

De même l'employé de mauvaise foi, conseillé d'ailleurs par les pêcheurs en eau trouble, pourra toujours invoquer son inexpérience, sa légèreté.

Le droit commun suffit, et si un abus se produit, rien n'empêchera d'obtenir la condamnation de la partie qui aura abusé de l'autre.

Si un article pareil devait être adopté ce serait le renvoi impitoyable de tous les employés faibles, malhabiles ou âgés.

TITRE II

Des conventions collectives relatives aux conditions du travail.

Art. 12.

Préalablement à la formation du contrat individuel de travail, des conventions collectives de travail peuvent être conclues entre un ou plusieurs employeurs et un syndicat ou groupement d'employés, ou entre les représentants des uns et des autres, spécialement mandatés à cet effet, soit dans la forme prévue par les statuts des syndicats, soit par tout autre procédé.

Ces conventions collectives déterminent certaines conditions auxquelles doivent satisfaire les contrats individuels qui seront conclus entre les personnes qui peuvent exiger l'application des clauses inscrites dans ces conventions.

Les employeurs peuvent s'engager à appliquer la convention pendant sa durée de validité, soit à des catégories déterminées de leur personnel, soit seulement aux employés ayant pris part à la négociation directement ou par mandataires.

Les employés peuvent s'engager à respecter la convention, soit chez les seuls employeurs signataires ou dans tout contrat passé pendant la durée de la convention avec un employeur quelconque dans une région déterminée.

TITRE II

Des conventions collectives relatives aux conditions du travail.

Art. 12.

Des conventions collectives de travail peuvent être conclues entre un ou plusieurs employeurs et un syndicat ou groupement d'employés ou entre les représentants des uns et des autres pris parmi eux et spécialement mandatés à cet effet.

Les trois autres § supprimés.

La rédaction proposée n'est même pas aussi humaine que celle visant le même objet dans les décrets d'août 1899. L'article 3 § 6 de ces décrets stipule que les ouvriers faibles pourront recevoir un salaire plus faible que le salaire normal.

En l'espèce, le mieux est de ne rien prévoir et de laisser la liberté régler les choses.

ART. 12.

La rédaction de l'article semble subordonner la formation du contrat individuel de travail à l'existence de conventions collectives.

Or, ainsi que la Commission l'a expliqué dans les considérations générales, elle estime que le contrat individuel ne saurait dépendre dans tous les cas des conventions collectives et qu'il doit conserver son autonomie.

Nous avons vu au début de ce rapport qu'en fait le projet de loi poursuivait l'idée chimérique de niveler les conditions du travail. Il n'y a pas de matière plus délicate à manier, parce que, soit du côté de l'employeur, soit du côté de l'employé, les aspects sont multiples et qu'il est insensé de chercher à uniformiser une chose qui est essentiellement variable.

Nous avons expliqué pourquoi nous ne pouvions admettre que la liberté individuelle puisse être supprimée.

Le salaire qu'il s'agit surtout de réglementer est avant tout personnel. Il dépend de la force, de l'intelligence, de la bonne volonté de l'ouvrier. Si les employeurs sont tenus de donner le même salaire à tous les employés de la même catégorie, ils n'embaucheront que les hommes les plus jeunes, les plus solides, les plus énergiques. Tout employé âgé ou simplement fatigué sera impitoyablement refusé, et le jour où une pareille loi serait votée, les employeurs seraient obligés d'écrémer la main-d'œuvre et de procéder à de nombreux renvois.

A un autre point de vue, la seule convention que nous puissions admettre est celle actuellement permise par le droit commun. Cette convention lie ceux qui l'ont signée ou sciemment acceptée, soit directement, soit par mandataire dûment autorisé, mais ceux-là seulement.

De telles conventions peuvent contenir ce qu'il sera loisible aux parties d'y insérer, mais sans qu'il en résulte que des personnes non parties à la convention puissent être touchées par elle.

Art. 13.

La convention collective relative aux conditions du travail doit être écrite ; elle sera déposée, à peine de nullité, au secrétariat du Conseil des prud'hommes, ou à défaut de Conseil de prud'hommes, au greffe de la justice de paix du lieu où elle a été passée.

Communication devra en être donnée gratuitement à tout requérant. Des copies certifiées pourront

Art. 13.

La convention collective relative aux conditions du travail doit être écrite ; elle sera déposée, à peine de nullité, au secrétariat du Conseil des prud'hommes, ou à défaut de Conseil de prud'hommes, au greffe de la justice de paix du lieu où elle est exécutable.

Communication devra en être donnée gratuitement à tout requérant. Des copies certifiées, sur

Nous tenons à bien affirmer notre résolution de ne pas permettre l'ingérence de tiers, particuliers ou collectivités, dans les rapports entre les employeurs et les employés, et nous demandons que si des syndicats ou groupements doivent être représentés par des personnes spécialement mandatées, il faut que ces personnes soient choisies parmi les employeurs ou les employés appelés à être régis directement par la Convention.

C'est pourquoi nous repoussons toutes stipulations renvoyant, pour l'application de la loi, aux formes prévues par les statuts des syndicats ou par tout autre procédé.

Les auteurs du projet de loi ne paraissent pas avoir été heureusement inspirés, en donnant un pouvoir réel à des statuts qu'on ne connaît pas, qui peuvent contenir des énormités.

N'est-il pas possible, en effet, que les statuts des syndicats contiennent délégation, par exemple, aux membres du Conseil général de la Confédération du travail pour les représenter dans toutes les conventions collectives importantes ?

Il est nécessaire que toute loi soit complète en elle-même, que le législateur évite de renvoyer pour son fonctionnement à des règlements d'administration publique et, à plus forte raison, à des statuts syndicaux totalement inconnus.

Les trois autres paragraphes de l'article 12 nous paraissent devoir être supprimés ; en effet, le § 2 subordonne les contrats individuels à la convention collective, chose que nous repoussons.

Le § 3 comporte l'application de la convention collective à des employés qui n'ont pas pris part à la négociation directement ou par mandataires et le § 4 à un employeur quelconque, non signataire, dans une région déterminée.

En vertu du principe que nul ne peut être tenu d'accepter un intermédiaire, nous repoussons ces deux derniers paragraphes.

Art. 13.

On peut se demander quel est le périmètre d'application. La convention devra l'indiquer et si elle l'indique le dépôt prévu devra être fait partout où elle est *exécutable* et non là seulement où elle a été passée. Il faut, en effet, que si une partie signataire de la convention l'invoque, elle ait à proximité la consultation facile à faire. En outre, afin d'éviter des frais, nous estimons que les copies doivent pouvoir être délivrées sur papier libre, et que le dépôt doit avoir lieu *sans frais*

en être délivrées aux intéressés sur leur requête et à leurs frais.

Le dépôt aura lieu aux soins de la partie la plus diligente, à frais communs.

Un décret fixera les émoluments des greffiers, le mode de communication des contrats et le mode de recouvrement des frais et honoraires.

papier libre, pourront en être délivrées aux intéressés sur leur requête et à leurs frais.

§ *supprimé.*

§ *supprimé.*

Art. 14.

La convention collective ne pourra être conclue pour une durée supérieure à cinq ans.

A défaut de stipulation déterminant la durée de la validité de la convention collective, cette convention sera considérée comme liant les parties pour une période d'un an.

La convention collective qui n'a pas été dénoncée dans les délais prévus par les parties, ou, à défaut de ces délais, avant son expiration, sera prorogée pour une nouvelle période égale à la précédente.

Art. 14.

La convention collective ne pourra être conclue pour une durée supérieure à cinq ans.

A défaut de stipulation déterminant la durée de la validité de la convention collective, cette convention sera considérée comme liant les parties pour une période d'un an.

La convention collective qui n'a pas été dénoncée dans les délais prévus par les parties, ou, à défaut de ces délais, un mois au moins avant son expiration, sera prorogée d'année en année par tacite reconduction.

Art. 15.

Sont, à défaut de stipulation contraire expressément énoncée dans les statuts des syndicats ou dans la convention collective elle-même, considérés comme soumis aux obligations résultant de cette convention collective les employés et les employeurs qui sont, au moment où la convention est passée, membres du syndicat ou de la collectivité partie à la convention, ou qui postérieurement adhèrent au syndicat ou à la convention.

Art. 15.

Sont, à défaut de stipulation contraire expressément énoncée dans la convention collective elle-même, considérés comme soumis aux obligations résultant de cette convention collective les employés et les employeurs qui sont, au moment où la convention est passée, membres du syndicat ou de la collectivité partie à la convention, à moins que dans le délai d'un mois à dater de la signature ils s'en soient retirés, ou qui postérieurement adhèrent au syndicat ou à la convention.

Nous estimons que dans cette partie de la législation du travail aucun émolument ni frais et honoraires ne doivent être exigés des parties (salaire de cris be tout au plus).

Art. 14.

Les deux premiers § ne suscitent pas d'observations. Le § 3 motive la remarque suivante : si la convention collective d'une durée de cinq ans n'a pas été dénoncée en temps utile, elle est renouvelée par tacite reconduction pour une durée égale, c'est-à-dire pour cinq ans. Ce renouvellement de durée peut paraître excessif.

La Commission estime qu'en pratique il faudrait qu'un mois au moins, par exemple, avant l'expiration de la convention, les parties se fissent connaître leur intention de dénoncer ou de proroger, de façon à ne pas arriver à la fin de la durée sans avoir pu négocier.

D'autre part, le renouvellement par tacite reconduction ne devrait pas dépasser un an, quelle que soit la durée fixée à la convention.

En conséquence, nous proposons la rédaction indiquée ci-contre :

Art. 15.

La Commission n'a pu admettre un rappel à la force opérante de Statuts, qu'ils soient ceux d'un syndicat d'employeurs ou d'un syndicat d'employés, alors qu'on ignore ce qu'ils contiennent. Nous ne pouvons que renouveler ici les observations présentées sur l'article 12 et demander la suppression des mots *dans les statuts des syndicats ou*.

Une autre observation s'impose. De même que la loi de 1884 sur les syndicats autorise tout membre d'un syndicat à s'en retirer quand il veut nonobstant toute stipulation contraire, et sous la seule condition de payer la cotisation de l'année, de même les membres des syndicats ou des groupements parties à la convention, doivent avoir la faculté de pouvoir se retirer du syndicat ou du groupement si la convention collective ne leur convient pas, car personne ne doit être engagé contre son gré. En un mot, les syndicats ou collectivités régulièrement représentés peuvent conclure des conventions sous les réserves exposées d'autre part, mais lorsque ces conventions enchaînent la liberté individuelle et règlementent le pouvoir de travailler d'un homme, cet homme, qu'il soit employeur ou employé, doit conserver la faculté de se retirer du groupement s'il juge que ses intérêts sont lésés par la convention collective.

La Commission estime qu'on ne saurait moins faire que de donner aux

membres des syndicats, des collectivités, groupements, un délai d'un mois pour se retirer dudit syndicat, groupement, etc.

On peut parfaitement considérer un syndicat, un groupement, comme devant assurer la défense des intérêts économiques et professionnels en général, mais il est parfaitement légitime aussi de considérer comme nuisible l'ingérence d'un syndicat, même appuyé par la majorité, quand la minorité se trouve opprimée, c'est-à-dire victime de la loi du nombre, pouvoir aveugle et irresponsable.

Les derniers mots : *qui postérieurement adhèrent au syndicat ou à la convention*, ne pourront être admis que s'il est prouvé que cette adhésion est donnée sciemment et sans pression.

Dans tous les cas, cette disposition de l'article 15 est une des plus graves parce qu'elle stipule pour l'avenir; c'est une des formes qui se rapprochent le plus de la corporation de l'ancien régime, où on entrait sans pouvoir discuter, où personne n'était indépendant et où les droits individuels étaient annihilés.

Aussi nous semble-t-il encore une fois que le moins que l'on puisse demander, c'est la faculté pour l'employeur ou l'employé qui ne veut pas être opprimé par une convention collective de se retirer du syndicat ou du groupement dans le mois de la conclusion de cette convention. Le passage suivant serait donc inséré :

A moins que dans le délai d'un mois ils s'en soient retirés.

L'*Exposé des motifs* dit que l'article 15 est nécessaire pour éviter que par dissolution des syndicats et groupements signataires de la convention, l'une des parties se dérobe aux obligations qu'elle a souscrites.

Théoriquement on peut soutenir cette nécessité, pratiquement c'est impossible. Tout d'abord, comment se conciliera cette disposition avec l'article 7 de la loi du 21 mars 1884, qui permet la retraite à tout instant d'un syndicat professionnel.

Pratiquement, quand un employé ne voudra plus observer une convention, nulle force au monde ne pourra l'y contraindre, et si une coercition devait être exercée à son égard, elle manquerait de base pour l'exécution.

Au contraire, s'il s'agit d'un employeur qui cesse de respecter la convention, peut-être parce que d'autres ne la respectent pas, il pourra être **pris pour point de mire par le syndicat ou groupe d'employés, et poursuivi pour infraction à la convention** ; la sentence trouvera toujours des bases pour s'exécuter.

Là, comme ailleurs, la réciprocité que le projet de loi affiche avec ostentation n'est qu'apparente. C'est un leurre, et au fond, une tendance non déguisée à augmenter la puissance des syndicats, groupements, Bourses du travail, Confédération générale du travail, même.

C'est pour ces motifs que nous ne pouvons accepter les dispositions de

Art. 16.

Lorsqu'un contrat de travail intervient entre un employeur et un employé qui doivent, aux termes de l'article précédent, être considérés comme soumis l'un et l'autre aux obligations résultant de la convention collective, les règles déterminées en cette convention s'imposent, nonobstant toute stipulation contraire, aux rapports nés du contrat du travail.

Art. 17.

Lorsqu'une seule des parties au contrat de travail doit être considérée comme liée par les clauses de la convention collective, ces clauses ne s'appliqueront aux rapports nés du contrat de travail qu'à défaut de stipulations contraires.

Mais, en ce cas, la partie liée par une convention collective, qui l'oblige même à l'égard de personnes qui n'ont pas été parties à cette convention (art. 12, §§ 3 et 4) et qui aurait accepté, à l'égard de ces personnes, des conditions contraires aux règles déterminées par cette convention, peut être civilement actionnée à raison de l'inexécution des obligations par elle assumées.

Art. 18.

Lorsqu'il n'existe qu'une seule convention collective aux conditions du travail pour la profession ou la région et que cette convention collective a été déposée au secrétariat du Conseil des prud'-hommes ou au greffe de la justice de paix conformément à l'article 13, les employeurs et les employés seront, jusqu'à preuve contraire, et pendant la durée de la convention collective, présumés avoir accepté, pour le règlement des rapports nés des

Art. 16.

Supprimé.

Art. 17.

Supprimé.

Art. 18.

Supprimé.

l'article 15 qu'avec la faculté de retraite pour tous les membres qui repoussent la convention.

ART. 16 et 17.

Ces deux articles doivent être examinés ensemble.

En effet, l'un et l'autre consacrent la prédominance de la convention collective sur le contrat individuel, ce que nous n'admettons pas.

Précisément nous venons, au sujet de l'article 15, de soutenir que ceux des employeurs ou des employés qui n'acceptent pas la convention collective conclue par leurs syndicats, groupements, collectivités doivent avoir le droit de s'en retirer dans le mois de la conclusion de la convention.

D'autre part, il est bien évident que, jusqu'à nouvel ordre, quantité d'employeurs et d'employés resteront indépendants, ne feront pas partie d'un syndicat, d'un groupement, etc...

Que deviendront tous ces employeurs et employés, soit ceux qui se sont retirés, soit ceux qui n'ont jamais fait partie des syndicats, groupements, etc.?

L'exposé des motifs est très net, il dit que les articles 16 et 17 s'opposent à ce que les ouvriers liés par la convention collective, engagent leurs services à des conditions contraires aux règles générales de cette convention, envers un patron non soumis à ces obligations et, réciproquement, à ce qu'un patron soumis à ces obligations y échappe, en recrutant des ouvriers non soumis à la convention.

La sanction aux dispositions de ces articles 16 et 17 se trouve indiquée à l'article 17. Le § 2 permet l'action civile à un syndicat, à un groupement contre l'employeur, qui aura occupé un employé libre de toute convention, ou contre l'employé qui aura travaillé chez un employeur non lié par une convention.

On voit clairement le réseau de plus en plus serré, dans lequel le projet de loi cherche à enserrer l'employeur et l'employé.

Pour tous ces motifs, la Commission estime que les articles 16 et 17 doivent être supprimés purement et simplement.

ART. 18.

Là encore, nous trouvons l'obsession des rédacteurs du projet de loi, de donner la priorité à la convention collective, même conclue sans aucune garantie quelconque.

Cet article 18 ne peut se justifier à aucun point de vue. Tout d'abord, l'article ne s'inquiète pas de préciser dans quelles conditions la convention collective a pu être conclue. Il pourrait arriver que deux ou trois employeurs, d'une part, et deux ou trois douzaines d'employés d'autre part, concluent une convention collective et la déposent conformément au projet de loi.

contrats de travail intervenus entre eux, les règles posées dans la convention collective.

ART. 19.

Les obligations assumées par les syndicats qui interviennent dans une convention collective relative aux conditions du travail sont déterminées par la convention collective,

ART. 19.

ART. 20.

Les syndicats qui sont intervenus comme partie à la convention collective relative aux conditions du travail peuvent exercer toutes les actions qui

ART. 20.

1er § supprimé.

Avec l'article 18, les dispositions de cette convention seraient, jusqu'à preuve contraire, présumées avoir été acceptées par les autres employeurs et employés de la région.

L'Exposé des motifs dit que ces conventions collectives auront la valeur d'*usages locaux* et que les parties qui ne voudront pas s'y conformer, n'auront qu'à faire mention dans leur contrat des conditions dérogatoires à la convention.

Il a paru à la Commission que de pareilles dispositions seraient essentiellement dangereuses et fourniraient des prétextes multiples aux artisans du désordre. Les usages locaux n'ont pas besoin de trouver leur formule — qui serait souvent dénaturée — dans une convention collective conclue par des employeurs et employés qui peuvent être sans autorité.

Il est bien plus simple de laisser aux contrats individuels toute leur valeur et, dans le silence des parties, d'appliquer les usages locaux, comme cela se pratique aujourd'hui.

Comme nous l'avons déjà dit, l'idée de niveler les salaires pour une profession ou pour une région, qui hante le cerveau des rédacteurs du projet, sera toujours une chimère, parce que, pour la même profession, suivant les régions, il y aura toujours une différence de salaires motivée par des causes multiples, et que, pour la même région, suivant les professions, il en sera de même.

Nous ne saurions trop le répéter, vouloir réglementer étroitement les prix de la main-d'œuvre est une œuvre absurde et vaine, parce que les lois, les conventions, quelles qu'elles soient, ne peuvent pas tenir compte des facteurs de tous ordres qui interviennent et surviennent dans la fixation pratique des salaires.

Aussi, demandons-nous la suppression pure et simple de l'article 18.

Art. 19.

Nous ne voyons pas d'objection au maintien de cet article, mais à titre documentaire, nous ferons remarquer que le texte *de la Société d'études législatives*, (auquel le projet de loi a emprunté de nombreuses dispositions) portait, outre le texte de l'article 19 ci-dessus, la phrase suivante :

« Les syndicats seront en tous cas tenus de ne rien faire de nature à « compromettre l'exécution loyale de la convention collective. »

On se demande pourquoi le rédacteur du projet a oublié de reproduire ces quelques lignes qui ne pouvaient qu'être utiles à méditer.

Art. 20.

Cet article, § premier, consacre d'une façon précise le droit pour le syndicat de se substituer à l'individu pour exercer toutes les actions qui lui appartiennent.

naissent de cette convention collective en leur faveur ou en faveur de leurs membres, avec leur consentement.

Ils peuvent spécialement agir pour obtenir l'exécution de la convention ou des dommages-intérêts au cas d'inexécution, soit contre les parties, individus ou syndicats, avec lesquels ils ont passé la convention collective, soit contre ceux de leurs membres qui n'auraient pas respecté les règles posées par la convention collective.

Lorsque la convention collective est intervenue entre un syndicat ou une collectivité d'employés et plusieurs employeurs, chacun de ces employeurs et chacun des membres de ce syndicat et de la collectivité ouvrière pourra également agir pour obtenir, à son profit, l'exécution ou des dommages-intérêts contre ceux qui, ayant contracté avec lui, ne respecteraient pas les obligations résultant pour eux de la convention collective.

Les syndicats peuvent... *(le reste conforme).*

ART. 21.

Les dispositions du présent titre peuvent être invoquées par tous ceux que peut lier un contrat de travail.

ART. 21.

Supprimé.

A ce propos, nous renouvelons nos observations (art. 15) ; la réciprocité que présente la rédaction de l'article n'est qu'apparente. Le syndicat d'employés trouvera toujours des employeurs solvables pour exécuter sur eux les jugements ; le syndicat d'employeurs ne trouvera rien en face de lui et on peut dire que même dans l'avenir, il en sera ainsi. En effet, dans les milieux syndicalistes, on soutient que l'intérêt ouvrier est contraire à l'idée de voir un syndicat posséder des ressources. Les orateurs expliquent que la justice bourgeoise étant susceptible d'accorder des dommages-intérêts pour de prétendus préjudices causés par des actes réputés violents, il est de l'intérêt bien entendu des travailleurs de ne rien posséder en tant que syndicat.

Dans ces conditions, il est évident que toute action des syndicats d'employeurs, bien que reconnue fondée par les tribunaux, sera, en fait, illusoire, car si le syndicat d'employés ne possède rien, il en est de même de ceux qui le composent et qui n'ont le plus souvent rien de saisissable.

Au contraire, le syndicat d'employeurs présente, soit par lui, soit par ses membres, une surface de solvabilité qui assure la possibilité d'exécuter les sentences définitives.

Tant que cette situation durera, il sera impossible aux employeurs d'étudier des dispositions comme celles de l'article 20.

Il y a devant le Parlement un projet de loi sur les syndicats professionnels, projet qui augmente leur capacité juridique et leur donne la faculté de posséder. Il importe que ce projet de loi soit discuté, que l'on soit fixé sur la capacité et les ressources des syndicats avant de leur donner le pouvoir de représenter *de plano* leurs membres, tant comme demandeurs que comme défendeurs. Agir autrement serait une attitude indigne d'un Parlement puisque, sciemment, il offrirait aux employeurs un droit qu'il saurait ne pouvoir s'exercer utilement.

En ce qui concerne les § 2 et 3, la Commission pourrait les admettre s'il était entendu qu'il ne s'agit en l'espèce que de traités analogues au contrat de travail individuel et que le syndicat ou groupement ne demande après tout que le respect d'une convention ordinaire, mais signée et sciemment consentie par tous. Dans les deux cas, il est bien entendu que la liberté de se retirer dans le mois de la convention aura dû être laissée à tous les membres employeurs ou employés.

Art. 21.

Cet article ne signifie rien ou veut dire quelque chose.

S'il ne signifie rien, il est inutile, et alors mieux vaut le supprimer. L'*Exposé des motifs* est d'ailleurs muet à son sujet.

Si au contraire, il y a un sens, il serait bon qu'il soit précisé. En attendant, nous en demandons la suppression.

TITRE III
Des Règlements d'atelier.

ART. 22.

Dans les entreprises industrielles et commerciales, même dans celles de l'État, des départements et des communes, où il existe des règlements d'atelier, ces règlements sont régis par les dispositions du présent titre.

TITRE III
Des Règlements d'atelier.

ART. 22.

Conforme.

ART. 23.

Le règlement d'atelier doit indiquer dans la mesure que comporte la nature de l'entreprise :

1º La manière dont le salaire est déterminé et notamment si l'employé est rétribué à l'heure, à la journée, à la tâche ou à l'entreprise ;

2º Lorsque l'employé est rétribué à la tâche ou à l'entreprise, le mode de mesurage et de contrôle ;

3º Les époques de payement des salaires ;

ART. 23.

Le règlement d'atelier doit indiquer dans la mesure que comporte la nature de l'entreprise :

1º La manière dont le salaire est déterminé et notamment si l'employé est rétribué à l'heure, à la journée, à la tâche ou à l'entreprise ;

2º Lorsque l'employé est rétribué à la tâche ou à l'entreprise, le mode de mesurage et de contrôle ;

3º Les époques de paiement des salaires.

Art. 22.

Le titre III concerne les règlements d'atelier et énumère ce qu'ils doivent contenir, les formes et délais nécessaires pour qu'ils soient valables. L'*Exposé des motifs* fait remarquer qu'on n'a pas cru devoir imposer l'obligation du règlement d'atelier, parce qu'on aurait dû recourir à des sanctions pénales, ce qui, d'après le rédacteur de l'Exposé, n'était pas possible dans une loi qui n'a recours qu'à des sanctions civiles. Cette modération n'est qu'apparente, attendu qu'en fait les condamnations civiles auxquelles les patrons sont exposés peuvent être considérées comme de véritables sanctions pénales.

Le règlement d'atelier n'est, dans l'esprit du rédacteur du projet de loi, qu'un accessoire de la réglementation du travail. Au sommet, il y a la convention collective qui doit réglementer d'une manière générale les conditions et prix du travail, et cela aux dépens du contrat individuel qui doit se conformer à la convention collective. Puis, quand il s'agit d'organiser le travail, la discipline, dans les ateliers, usines et magasins, la loi projetée intervient pour dire à l'employeur quelles mesures il faut prendre, comment l'ordre intérieur doit être assuré.

Par ces diverses propositions on voit clairement l'Etat se substituer aux employeurs et ne leur laisser que l'aléa de leurs entreprises.

Il est à remarquer que dans l'énumération des assujettis éventuels au règlement d'atelier, figure l'Etat. Il est probable que ce n'est que par symétrie, car quand il s'agira de discuter efficacement avec l'Etat, il n'est pas probable que celui-ci s'assujettisse aux multiples formalités que nous examinerons plus loin. Au sujet de l'Etat, une question sera à examiner par qui de droit : l'Etat sera-t-il justiciable des Conseils de Prud'hommes et des juges de paix ? Ce n'est pas à nous de donner une réponse.

Art. 23.

Les numéros 1, 2 et 3 peuvent être acceptés parce qu'en fait ces mesures sont déjà dans la pratique ; quant au numéro 4, il doit être absolument repoussé parce qu'il est impossible à nombre d'industriels et de commerçants d'avoir sur ce point une précision quelconque.

Le législateur aurait tort de se mêler de ces mesures intérieures qui souvent sont prises au jour le jour suivant la nécessité des affaires.

En conséquence, le § 4 doit être supprimé.

4° Si les employés ne séjournent dans les locaux de l'entreprise que pour y prendre des matières premières, ou y remettre le produit de leur travail, l'indication des jours et heures où les locaux leur sont accessibles.

N° 4. *Supprimé.*

ART. 24.

Là où l'entreprise le comporte, le règlement d'atelier doit encore indiquer :

1° Les droits et les devoirs du personnel de surveillance, le recours ouvert aux ouvriers en cas de plaintes ou difficultés relatives audit personnel;

2° Les fournitures qui sont faites à l'employé à charge d'imputation sur le salaire;

3° La durée du délai-congé;

4° S'il existe des pénalités ou amendes, la nature des pénalités, le taux des amendes et l'emploi qui en est fait.

ART. 24.

ART. 25.

Le règlement d'atelier pourra comporter en outre toutes prescriptions visant l'hygiène, la sécurité, la moralité et les convenances.

ART. 25.

ART. 26.

Avant d'entrer en vigueur, tout règlement nouveau ou toute modification à un règlement ancien doit être porté à la connaissance des employés par voie d'affiche.

Pendant huit jours au moins à partir de l'affichage, le chef d'entreprise tient à la disposition de ses employés un registre ou cahier où ceux-ci peuvent, soit individuellement, soit par leurs délégués, consigner les observations qu'ils auraient à présenter.

Les dispositions ci-dessus ne font point obstacle aux lois qui prévoient, pour certains cas spéciaux, des délais plus étendus.

Pendant le même délai de huit jours au moins, les employés peuvent adresser individuellement et par écrit leurs observations au président du Conseil de prud'hommes, ou, à défaut, au juge de paix. Le président du Conseil de prud'hommes ou le juge de paix transmet ces observations au chef d'entreprise dans les trois jours de la réception, sans indiquer les noms des signataires.

Après une deuxième période de huit jours, le

ART. 26.

Avant d'entrer en vigueur, tout règlement nouveau ou toute modification à un règlement ancien doit être porté à la connaissance des employés par voie d'affiche manuscrite ou imprimée.

Pendant huit jours au moins à partir de l'affichage, le chef d'entreprise tient à la disposition de ses employés un registre ou cahier où ceux-ci peuvent, soit individuellement, soit par leurs délégués choisis parmi eux, consigner les observations qu'ils auraient à présenter.

Les dispositions ci-dessus ne font point obstacle aux lois qui prévoient, pour certains cas spéciaux, des délais plus étendus.

Pendant le même délai de huit jours au moins, les employés peuvent adresser individuellement et par écrit leurs observations au Bureau du Conseil de prud'hommes, ou, à défaut, au juge de paix. Le Bureau du Conseil de prud'hommes ou le juge de paix transmet ces observations au chef d'entreprise dans les trois jours de la réception, sans indiquer les noms des signataires, mais après s'être assuré de l'identité et de la qualité des réclamants

Art. 24.

L'énumération de cet article est la suite de celle de l'article 23 et risque simplement de nuire à la généralisation des règlements d'atelier.

Nous admettons les quatre paragraphes indiqués sous réserve de ce qui sera dit plus loin au sujet des fournitures visées au § 2 et du délai congé, § 3.

Art. 25.

Rien à dire si ce n'est que, grâce à toutes ces prescriptions à inscrire, les règlements d'atelier deviendront de véritables monuments et que l'employeur devra consacrer d'énormes superficies de murs à l'étalage tant du règlement d'atelier que des 17 lois, décrets et arrêtés dont l'affichage est prescrit à la plupart des industriels.

Art. 26.

L'article 26 indique les formalités à remplir pour rendre valable un règlement d'atelier.

Nous examinerons les divers paragraphes dans leur ordre.

Le règlement projeté doit être porté à la connaissance des employés par voie d'affiche. Nous espérons que, dans certains cas, dans des maisons petites et moyennes, l'affiche en question pourra être manuscrite. Il serait frustratoire, en effet, d'obliger un chef de maison moyenne et petite à faire une affiche imprimée.

§ 2. — Pendant huit jours, des observations peuvent être présentées, par écrit, sur un cahier ou registre, par les employés, soit individuellement, soit par leurs délégués.

Nous demandons de nouveau formellement, afin d'éviter l'intrusion, toujours dangereuse pour tous, d'agitateurs qualifiés délégués, que, si les employés désignent des délégués pour formuler et rédiger des observations (ce qui est rationnel si le personnel est nombreux), ces délégués soient pris dans le personnel. D'ailleurs c'est ce personnel, destiné à se conformer à ce règlement, qui est le plus compétent pour formuler des observations autorisées que l'employeur prendra mieux en considération.

Le § 3 ne soulève pas d'observations.

3

règlement nouveau ou le règlement modifié fait l'objet d'un deuxième affichage avec la mention « observations vues ». Il entre ensuite en vigueur à l'expiration d'un délai au moins égal au délai-congé en usage dans la profession et qui ne peut être inférieur à huit jours francs. Le chef d'entreprise a la faculté de prolonger ce délai; lorsqu'il est fait usage de cette faculté, le projet affiché doit mentionner la date de l'entrée en vigueur.

Toutefois, si le nouveau règlement ou le règlement modifié comporte, par application de l'article 25 ci-dessus, des dispositions spéciales concernant l'hygiène, la sécurité, la moralité et les convenances, ces dispositions entrent en vigueur dès le jour de l'affichage et ne sont pas soumises aux formalités prévues par les articles 26 et 27.

qui devront appartenir à la maison où le règlement d'atelier sera appliqué.

Après une deuxième période de huit jours, le règlement nouveau ou le règlement modifié fait l'objet d'un deuxième affichage avec la mention « observations vues ». Il entre ensuite en vigueur à l'expiration d'un délai au moins égal au délai-congé en usage dans la profession. Le chef d'entreprise a la faculté de prolonger ce délai; lorsqu'il est fait usage de cette faculté, le projet affiché doit mentionner la date de l'entrée en vigueur.

Toutefois, si le nouveau règlement ou le règlement modifié comporte, par application de l'article 25 ci-dessus, des dispositions spéciales concernant l'hygiène, la sécurité, la moralité et les convenances, ces dispositions entrent en vigueur dès le jour de l'affichage et ne sont pas soumises aux formalités prévues par les articles 26 et 27.

Néanmoins, il est loisible aux intéressés de se dispenser mutuellement des formalités et délais prévus ci-dessus, dans le cas où, après examen et discussion amiable entre eux des conditions du règlement, interviendrait un accord à leur sujet; cet accord sera constaté par un procès-verbal signé des parties, en double original, dont l'un déposé contre récépissé au greffe du Conseil de prud'hommes, ou, à défaut, de la justice de paix; mention de ce dépôt sera faite sur l'affiche du règlement, à peine de nullité.

Le § 4 prévoit que les employés n'ayant pas osé ou voulu consigner leurs observations sur le cahier ou registre prévu par le § 2 peuvent adresser ces observations au président du Conseil de prud'hommes ou à défaut au juge de paix, qui, dans les trois jours, les transmettent au chef d'entreprise sans indiquer les noms des signataires.

On sent très bien le mobile de ces prescriptions.

Le rédacteur du projet de loi, posant en principe que l'employeur est un être vindicatif et rancunier, veut soustraire à son action l'employé coupable de présenter une observation.

Nous tenons à protester contre une telle attitude. D'une façon générale, les employeurs, qu'il s'agisse de commerçants ou d'industriels, ne correspondent pas au type que s'en représente l'auteur du projet de loi. Même, dans de nombreuses industries et commerces, nous avons entendu émettre l'idée qu'au lieu de tout cet appareil d'affichage, d'enquête, de notes anonymes communiquées, une discussion courtoise et contradictoire avec le personnel employé aurait un résultat plus complet, plus rapide et plus satisfaisant et enlèverait le caractère d'antagonisme que le projet de loi prête d'une manière si regrettable à l'employeur et à l'employé.

Aussi serions-nous d'avis que le mode solennel de consultation organisé par le projet de loi ne devrait être appliqué que si le mode de discussion amiable n'avait pas abouti.

Cela est absolument nécessaire, car si le formalisme en question est exigé pour tous les règlements d'ateliers, quelle que soit l'importance des maisons où ils doivent s'appliquer, la loi provoquera des réclamations fondées. Aussi la Commission propose-t-elle un § final permettant l'établissement simplifié d'un règlement d'atelier.

Le § 4 parle de l'intermédiaire du président du Conseil de prud'hommes. Nous avons à ce sujet le devoir de présenter des observations. Il existe certaines villes où la lutte de classes a été portée à un diapason tel que le Conseil de prud'hommes, qui devrait être un tribunal familial, a fini par refléter les luttes de la rue, où les deux éléments ouvriers et patronaux sont tellement irréductibles qu'il a fallu qu'une loi, sage et bienfaisante, désigne le juge de paix pour départager les voix dans des affaires importantes.

Or, dans le fonctionnement des Conseils qui, légalement, nomment eux-mêmes leur président, si le président est ouvrier, le vice-président est patron ou *vice versa*. Il en résulte que, dans le cas qui nous occupe, si la loi projetée indique comme réceptionnaire des observations des employés, le *président* du Conseil de prud'hommes, on court le risque de voir s'élever des doutes sur son impartialité suivant qu'il sera ouvrier ou patron. Ne serait-il pas préférable de dire que les observations des employés sont transmises au *Bureau* du Conseil de prud'hommes, le Bureau, comprenant le président et le vice-président, offrira toutes garanties dans tous les cas, soit

Art. 27.

Tout règlement nouveau ou tout règlement modifié doit, à peine de nullité, porter l'attestation,

Art. 27.

Pas d'observation.

pour la vérification de l'identité et de la qualité des réclamants, soit pour la transmission exacte des observations.

Tous les industriels et tous les commerçants comprendront pourquoi nous faisons cette demande qui nous est inspirée non pas par une suspicion à l'égard de l'institution des prud'hommes, mais seulement par la situation de fait résultant d'idées étrangères à cette institution.

Le § 5 soulève la question si importante du délai-congé et la résout incidemment en fixant ce délai-congé à huit jours francs. Nous demandons la suppression de ces mots : *et qui ne peut être inférieur à huit jours francs*. Nous discuterons cette question de délai-congé sous les articles 46 et 47 qui lui ont été consacrés.

Le § 6 et dernier ne soulève pas d'observation.

Une remarque d'ensemble a été présentée à la Commission qui l'a prise en considération ; elle concerne la longueur des délais qui est vraiment excessive et qui n'a pour conséquence que de faire durer une agitation pouvant prendre une fâcheuse tournure. En effet, les trois délais prévus sont de dix-neuf jours, auxquels viennent s'ajouter le délai-congé en usage dans la profession. A ce sujet, on voit que le rédacteur du projet a voulu accorder à l'employé à qui le règlement d'atelier ne donnerait pas satisfaction, la faculté de se retirer avant la mise en vigueur de ce règlement. C'est une faculté analogue que nous avons réclamée sous l'article 15 pour permettre aux employeurs et employés mécontents d'une convention collective de se retirer du groupement dans un délai d'un mois. Ce que l'auteur du projet concède pour le règlement d'atelier, il ne saurait le refuser pour la convention collective.

En conséquence des considérations qui précèdent, nous proposons de modifier comme suit l'article 26, par l'addition des mots en italiques.

§ 1 par voie d'affiche *manuscrite ou imprimée*.

§ 2 soit par des délégués *choisis parmi eux*.

§ 3 *pas de changement*.

§ 4... au *Bureau* du Conseil de prud'hommes sans indiquer les noms des signataires *mais après s'être assuré de l'identité et de la qualité des réclamants qui devront appartenir à la maison où le règlement d'atelier sera appliqué*.

§ 5 supprimer les mots : *et qui ne peut être inférieur à huit jours francs*.

§ 6 *sans changement*.

§ 7 *nouveau*.

ART. 27.

Pas d'observation.

dûment signée par le chef d'entreprise, de la consultation régulière des employés dans la forme prévue à l'article précédent.

Art. 28.

L'ancien règlement ou les usages antérieurs subsistent jusqu'à la mise en vigueur, dans les conditions prévues aux articles 26 et 27 ci-dessus, du nouveau règlement ou du règlement modifié.

Art. 28.

Conforme.

Art. 29.

Les règlements faits conformément aux présentes dispositions lient les parties pour toute la durée de l'engagement, tant dans les dispositions obligatoires prévues ci-dessus que dans les dispositions facultatives qui y seraient jointes en vue d'établir les conditions du contrat de travail.

Art. 29.

Conforme.

Art. 30.

Le règlement est et reste affiché dans les locaux de l'entreprise, à un endroit apparent.

Tout employé a le droit d'en prendre copie.

Art. 30.

Conforme.

Art. 31.

Dispositions transitoires. — Les chefs d'entreprises auront un délai de six mois, à dater de la promulgation de la présente loi, pour modifier leurs règlements d'atelier conformément aux dispositions qui précèdent.

Les règlements actuellement en vigueur resteront en vigueur pour toutes les prescriptions qui ne sont pas contraires aux dispositions du présent titre.

Art. 31.

Dispositions transitoires. — Les chefs d'entreprises auront un délai de six mois, à dater de la promulgation de la présente loi, pour modifier leurs règlements d'atelier, conformément aux dispositions qui précèdent.

§ 2. Supprimé.

TITRE IV

Effets du contrat de travail.

Art. 32.

Le contrat de travail produit les effets déterminés par les conventions des parties, dans la mesure où ces conventions ne sont contraires ni à l'ordre public et aux bonnes mœurs, ni aux lois, spécialement aux lois qui réglementent les conditions du travail et sa rémunération.

TITRE IV

Effets du contrat de travail.

Art. 32.

Conforme.

ART. 28.

Pas d'observation.

ART. 29.

Pas d'observation.

ART. 30.

Pas d'observation.

ART. 31.

Le second paragraphe ne paraît pas très clairement rédigé. En effet, l'article 28 stipule que l'ancien règlement ou les usages antérieurs subsistent jusqu'à la mise en vigueur des nouveaux règlements. Par conséquent les anciens règlements doivent rester en vigueur pour six mois même pour les prescriptions contraires aux dispositions du projet.

Aussi nous paraît-il préférable de supprimer ce dernier alinéa.

ART. 32.

Pas d'observation.

Section I. — *Obligations de l'employeur.*

§ 1er. — RÉMUNÉRATION DU TRAVAIL

Art. 33.

Lorsque la rémunération du travail dépend de mesures, pesées, opérations, vérifications quelconques ayant pour but de déterminer la quantité et la qualité de l'ouvrage, les employés ont toujours le droit, malgré toute convention contraire, de contrôler ces opérations personnellement ou par délégués.

Les données prévues par les contrats qui pourraient être nécessaires au calcul des salaires fixés par contrat individuel ou convention collective, sont soumises aux mêmes règles.

Art. 33.

Lorsque la rémunération du travail dépend de mesures, pesées, opérations, vérifications quelconques ayant pour but de déterminer la quantité et la qualité de l'ouvrage, les employés ont toujours le droit, malgré toute convention contraire, de contrôler ces opérations personnellement ou par délégués choisis parmi eux.

§ 2 *supprimé.*

Art. 34.

Lorsque l'employé payé à la pièce, à la tâche ou à l'entreprise est maintenu à la disposition de l'employeur sur le lieu du travail, à son domicile ou ailleurs, et mis dans l'impossibilité de travailler par le fait de l'employeur, il a droit à une indemnité correspondant au préjudice qui lui a été causé. Toute convention contraire est nulle.

Art. 34.

Supprimé.

Art. 33.

L'exposé des motifs explique que les ouvriers se sont plaints à diverses reprises d'être lésés par des mesurages inexacts et d'être dans l'ignorance du mode de calcul des salaires.

La Commission estime que ces faits ne sont qu'exceptionnels, car aujourd'hui l'employé est généralement assez instruit pour pouvoir lui-même se rendre compte de ce qui l'intéresse.

Néanmoins, il est juste d'admettre l'employé à vérifier et contrôler les opérations qui aboutissent à la détermination de son salaire, mais la Commission estime que ce contrôle et cette vérification ne doivent point motiver l'introduction d'un étranger dans la maison ; aussi convient-il de stipuler au paragraphe premier *in fine* que les employés ont le droit de contrôler ces opérations personnellement ou par délégués *choisis parmi eux*.

Le paragraphe 2 a paru une superfétation, et la Commission en propose la suppression. Il suffit, en effet, que le droit de vérification et de contrôle soit inscrit sous le titre *rémunération du travail* pour que ce droit s'exerce dans tous les cas.

Art. 34.

L'Exposé des motifs dit que dans le mode de travail aux pièces ou à la tâche, il arrive parfois que l'ouvrier est maintenu pendant un certain temps à la disposition de l'employeur, sur le lieu du travail, à son domicile ou ailleurs, et mis dans l'impossibilité de travailler.

Aujourd'hui, dans la pratique, nombre d'industriels ont solutionné cette question, chacun suivant les modalités convenant à son industrie. Ne conviendrait-il pas mieux de laisser l'usage et les règlements d'atelier indiquer la solution qui convient à chaque cas ? L'exposé des motifs lui-même dit que dans certaines industries des transactions sont intervenues sur ce point ; certains patrons rétribuent à l'heure le temps ainsi perdu par l'ouvrier.

La loi belge du 10 mars 1900 contient un article 12 ainsi conçu : Lorsque, par le fait du chef d'entreprise, l'ouvrier payé à la pièce, à la tâche ou à l'entreprise *et présent à l'atelier*, est mis dans l'impossibilité de travailler, il a droit à la moitié du salaire correspondant au temps perdu, à moins qu'il ne soit autorisé à quitter le lieu du travail.

On voit que nos voisins ont limité l'application de leur article 12 à l'ouvrier *présent à l'atelier* et ne l'ont pas étendue quand l'ouvrier *est à son domicile* ou ailleurs. D'autre part, ils ont fixé forfaitairement l'indemnité à la moitié du salaire correspondant au temps perdu.

L'article 34 prévoit une indemnité correspondant au préjudice causé.

Art. 35.

Lorsque l'employé a droit à une part des bénéfices déterminés par le contrat, l'employeur est tenu, malgré toute convention contraire, de fournir à l'employé ou à un tiers agréé par les parties les données nécessaires pour contrôler le calcul de cette part.

Art. 35.

Lorsque l'employé a droit à une part des bénéfices déterminés par le contrat, l'employeur est tenu de fournir à l'employé ou à un tiers agréé par les parties les données nécessaires pour contrôler le calcul de cette part dans les conditions stipulées au contrat.

Qui fixera cette indemnité ? Evidemment le Conseil de prud'hommes ou le juge de paix. Donc, c'est encore un nid à procès que la loi projetée instaure dans l'article 34.

D'ailleurs, cet article pourra se retourner contre l'employé que l'employeur s'ingéniera à ne jamais s'attacher d'une façon suivie pour ne pas avoir les ennuis de contestations et de poursuites. Dans tous les cas, si l'employé a réellement à se plaindre d'un abus comme temps perdu, le droit commun lui permet actuellement de se faire indemniser. Il a donc paru préférable à la Commission de demander la suppression pure et simple de cet article.

Art. 35.

Les dispositions projetées pour assurer le contrôle et la vérification des bénéfices auxquels peuvent avoir droit les employés sont absolument prématurées, et mieux que cela, elles sont de nature à arrêter l'expansion de ce qu'on appelle improprement : participation aux bénéfices. Actuellement, en effet, de nombreux employeurs donnent à leurs employés des primes, des gratifications, en rapport, soit avec le nombre d'années de séjour dans la maison, soit d'après le chiffre d'affaires fait dans un rayon donné ou le nombre d'unités produites dans chaque spécialité, etc., mais, en fait, primes et gratifications n'ont souvent qu'un rapport très éloigné avec les bénéfices constatés aux inventaires et il est arrivé fréquemment que les employeurs ont maintenu les primes et gratifications malgré des inventaires défectueux.

On a désigné ces primes et gratifications comme participation aux bénéfices, ce qui est absolument inexact.

S'il s'agissait cependant réellement de participation aux bénéfices, on comprendrait le droit de contrôle et de vérification ; mais, dans ce cas, nombre d'employeurs hésiteraient à admettre qu'un employé ou son délégué ait le droit de compulser les livres, d'étudier la production, les prix de vente, etc., en un mot de vérifier l'exactitude d'un bilan ou d'un inventaire en en analysant tous les éléments.

Par conséquent, il est de l'intérêt bien entendu des employés de ne pas gêner l'expansion du système des primes et gratifications et de laisser les usages actuels s'étendre de plus en plus.

Néanmoins, pour faciliter les industriels qui voudraient adopter la véritable participation aux bénéfices, il faut leur laisser la faculté de soustraire aux investigations d'un tiers expert, même agréé par les parties, les éléments et secrets de la maison de commerce, et pour cela, il faut que l'employeur ait le droit de stipuler que la vérification et le contrôle porteront exclusivement sur tel ou tel objet. Dans ce but, il faut supprimer dans le texte de l'article les mots : *malgré toute convention contraire*, afin de

Art. 36.

Les retenues faites à titre de cautionnement ou de garantie sur la rémunération de l'employé ne peuvent, malgré toute convention contraire, excéder un dixième (1/10) de chaque paye. Elles doivent être déposées, sous la responsabilité de l'employeur, entre les mains d'un tiers désigné par les parties ou, en cas de désaccord, par le juge de paix. Toutefois, il peut être stipulé que l'employeur les conservera tant que leur total n'aura pas atteint la rémunération d'un mois de travail.

Art. 36.

Les retenues faites à titre de cautionnement ou de garantie sur la rémunération de l'employé ne peuvent, sauf convention contraire, excéder un cinquième (1/5) de chaque paye. Elles doivent être déposées entre les mains d'un tiers désigné par les parties ou, en cas de désaccord, par le juge de paix. Toutefois, il peut être stipulé que l'employeur les conservera tant que leur total n'aura pas atteint la rémunération d'un mois de travail.

Dans tous les cas ces sommes appartiendront par privilège à l'employé quand l'employeur aura été désintéressé.

Art. 37.

Les créances des employés pour la rémunération de leur travail sont privilégiées, pour une durée de six mois, au rang déterminé par l'article 2101, § 4, du Code civil. Ce privilège s'étend à l'année échue et à l'année courante s'il s'agit de gens de service.

Est abrogé, en ce qu'il a de contraire au présent article, l'article 549 du Code de commerce.

Art. 7.

Conforme.

Art. 38.

Le payement fait par l'employeur, à l'employé mineur, de la rémunération qui lui est due est valable si le père ou le tuteur de l'employé n'y a pas mis préalablement opposition.

En cas d'opposition par lettre recommandée ou par voie extrajudiciaire, le juge de paix peut, soit d'office, soit sur simple réquisition d'un parent ou

Art. 38.

Le payement fait par l'employeur, à l'employé mineur, de la rémunération qui lui est due est valable si le père ou le tuteur de l'employé n'y a pas mis préalablement opposition.

En cas d'opposition par lettre recommandée ou par voie extrajudiciaire, le juge de paix peut, soit d'office, soit sur simple réquisition d'un parent et

laisser les parties libres d'indiquer comment se fera le contrôle et la vérification.

Art. 36.

Le maximum de 1/10 de chaque paye qui peut être retenu à titre de garantie ou de cautionnement est insuffisant en général.

L'exposé des motifs se borne à dire *qu'il semble* qu'on puisse limiter à 1/10, etc.

Il a paru à votre commission que la fixation d'un tantième quelconque ne pouvait qu'être une gêne pour les employeurs et les employés et qu'il valait mieux laisser à la libre discussion le soin de fixer la retenue suivant les cas, et par suite supprimer les mots : malgré toute convention contraire. Faisons remarquer que la loi belge de 1900 permet la retenue de 1/5 du salaire pour l'acquit des indemnités et dommages ; c'est ce tantième que nous proposons.

Il est une autre modification de cet article qui s'impose, c'est la responsabilité que l'article fait peser sur l'employeur pour le dépôt entre les mains d'un tiers agréé des parties.

Est-il admissible que le tiers dépositaire ayant été désigné par les parties, l'employeur seul continue à être *de plano* responsable des sommes ainsi déposées? Nous ne le pensons pas. Aussi, demandons-nous la suppression des mots : *sous la responsabilité de l'employeur.*

Enfin, votre Commission a pensé qu'il serait bon de stipuler une garantie en faveur de l'employé pour les sommes déposées chez un tiers. On pourrait donc ajouter un § ainsi conçu :

« Dans tous les cas, ces sommes appartiendront par privilège à l'employé « quand l'employeur aura été désintéressé. »

Art. 37.

Pas d'observation.

Art. 38.

Nous estimons qu'en principe cet article doit être admis.

Toutefois, nous remarquons l'intervention possible d'un *ami* en faveur du mineur. Ce mot *ami* qui ne correspond pas à un être juridiquement qualifié, nous paraît une innovation anormale.

La loi belge du 10 mars 1900, ayant à s'occuper dans les articles 34, 35 et 36 de ce qui concerne le mineur, ne fait appel qu'aux membres de la

d'un ami, et après avoir entendu ou appelé le père ou le tuteur, autoriser le mineur à recevoir tout ou partie de la rémunération de son travail.

après avoir entendu ou appelé le père ou le tuteur, autoriser le mineur à recevoir tout ou partie de la rémunération de son travail.

Art. 39.

Dans tous les cas où l'employé n'est pas occupé à titre purement passager, il appartient aux tribunaux d'apprécier si, et dans quelle mesure, le salaire est dû, en cas d'interruption momentanée résultant d'un cas de force majeure. Pour cette appréciation, il est tenu compte du délai prévu pour donner congé, ainsi que de la durée des services déjà rendus.

Art. 39.

Supprimé.

famille. Le juge de paix peut même nommer un tuteur *ad hoc*, chargé de disposer de la rémunération pour les besoins du pupille.

Nous repoussons l'intrusion d'un *ami* pour que, sous ce couvert, le mineur ne soit pas la proie d'un agitateur ou d'une coterie qui l'exploiterait.

D'ailleurs, nous préférons l'impartialité du juge de paix à toutes les interventions quelconques, si elles n'émanent pas d'un parent.

ART. 39.

Il est impossible que l'idée qui inspire cet article puisse passer dans la loi. En effet, le cas de force majeure, par sa nature même, ne peut être imputé à la faute du patron. Edicter sa responsabilité quand même serait une iniquité.

Il est vrai que dans la loi du 9 avril 1898, sur la responsabilité des accidents, le législateur a décidé que la victime d'un accident serait toujours, hors le cas de faute intentionnelle, indemnisée, mais en l'espèce, la situation n'est pas la même et les principes du risque professionnel ne peuvent être appliqués.

Le cas de force majeure atteint l'ensemble de l'industrie, employeurs et employés. Quelquefois même, l'employeur peut se trouver presque ruiné par un événement de force majeure : inondation, incendie, etc. Faut-il qu'une loi, digne de ce nom, vienne permettre à tout le personnel d'aggraver la situation du patron? Nous ne le croyons pas. L'employeur ne doit pas être recherché en cas d'interruption momentanée résultant d'un cas de *force majeure*, ce serait une injustice.

L'auteur du projet de loi n'est d'ailleurs pas conséquent avec lui-même, car, à l'article 50 relatif au délai-congé, il déclare que ce délai ne s'applique pas si la résiliation résulte d'un cas de force majeure.

Subsidiairement, en admettant que dans son désir d'accorder plus que son droit à l'employé, le législateur indique comme base d'appréciation du salaire dû, le délai prévu pour donner congé, il serait excessif de faire intervenir *la durée des services déjà rendus*.

La durée des services rendus est prise en considération par les Tribunaux lorsqu'il s'agit de la brusque rupture du contrat de travail, rupture qui est un fait volontaire de l'employeur, engageant sa responsabilité. Mais, en l'espèce, il s'agit d'un cas de force majeure, c'est-à-dire n'incombant pas à l'employeur; pourquoi et en vertu de quelle considération, un employé ayant vingt ans de service et un employé ayant un an de service, obtiendraient-ils un traitement différent en cas d'interruption momentanée, résultant d'un cas de force majeure? Poser la question, c'est la résoudre.

Cet article doit donc être supprimé.

§ 2. — CONDITIONS DU TRAVAIL

Art. 40.

A moins de convention ou d'usage contraire, l'employeur doit mettre à la disposition de l'employé les collaborateurs, instruments et matières nécessaires à l'accomplissement de son travail. Si l'employeur les fournit moyennant payement, il ne peut, malgré toute convention contraire, le faire à un prix supérieur à celui du marché.

L'employeur n'a, en aucun cas, le droit de retenir les objets ou instruments servant au travail qui appartiennent à l'employé. Il en est responsable sous les conditions du droit commun. Toute convention contraire est nulle.

Art. 40.

A moins de convention ou d'usage contraire, l'employeur doit mettre à la disposition de l'employé les collaborateurs, instruments et matières nécessaires à l'accomplissement de son travail.

L'employeur n'a, en aucun cas, le droit de retenir les objets ou instruments servant au travail qui appartiennent à l'employé. Il en est responsable sous les conditions du droit commun.

Art. 41.

L'employeur est tenu de veiller à ce que les conditions d'exécution du travail ne portent atteinte ni à la santé, ni à la sécurité, ni à la moralité de l'employé. Il doit lui laisser le temps nécessaire pour l'accomplissement de ses devoirs civiques et de famille.

Lorsque l'employeur loge et nourrit l'employé, il doit le faire dans des conditions qui ne portent atteinte ni à sa moralité, ni à sa santé. Il doit en outre et malgré toute convention contraire lui assurer à ses frais les premiers soins médicaux en cas de blessure ou de maladie survenue à son service, sans préjudice des obligations qui peuvent lui

Art. 41.

L'employeur est tenu de veiller à ce que les conditions d'exécution du travail ne portent atteinte ni à la santé, ni à la sécurité, ni à la moralité de l'employé. Il doit lui laisser le temps nécessaire pour l'accomplissement de ses devoirs civiques résultant de la loi.

Lorsque l'employeur loge et nourrit l'employé, il doit le faire dans des conditions qui ne portent atteinte ni à sa moralité, ni à sa santé. Il doit en outre et malgré toute convention contraire lui assurer à ses frais les premiers soins médicaux en cas de blessure ou de maladie survenue à son service.

Art. 40.

Le § 1 de l'article appelle un éclaircissement que nous ne trouvons pas dans l'*Exposé des motifs*. Qu'est-ce que le *prix du marché* pour les collaborateurs, instruments et matières nécessaires à l'accomplissement du travail?

Pourquoi le rédacteur du projet de loi a-t-il cru devoir compliquer les choses? En effet, en ce qui concerne les fournitures, par exemple, l'employeur achète en gros, aussi il obtient des prix qui lui permettent de remettre à ses ouvriers les matières à un prix inférieur à celui du détail, prix qu'aurait à subir l'ouvrier achetant au jour le jour. D'autre part, le patron ayant à faire une avance d'argent, à supporter une perte d'intérêt ainsi que les avaries qui peuvent se produire, est fondé à majorer légèrement les prix d'achat des matières fournies aux ouvriers aux pièces.

Nous sommes donc d'avis de laisser à l'employeur et à l'employé la libre discussion des prix et conditions et, par suite, de supprimer dans le paragraphe les mots : *malgré toute convention contraire.*

Le § 2 suscite une observation. Pourquoi rendre l'employeur responsable des objets et instruments de travail de l'employé? La loi belge du 10 mars 1900 dit simplement dans l'article 13 : « Le Chef d'entreprise doit « apporter à la conservation des outils appartenant à l'ouvrier les soins « d'un bon père de famille. » Cette rédaction est préférable à celle du projet de loi.

En tout cas, il faut supprimer les mots : *toute convention contraire est nulle* afin de laisser au moins aux parties la faculté d'établir et de limiter leurs responsabilités réciproques comme elles l'entendront.

Art. 41.

La première phrase du § 1 ne soulève pas d'observation. Quant à la seconde, elle mérite l'examen. L'employeur doit, y est-il dit, laisser à l'employé le temps nécessaire pour l'accomplissement de ses devoirs civiques et de famille.

Qu'entend-on par devoirs civiques? Est-ce que l'accomplissement de ces devoirs doit être pris sur le temps du travail? nous ne le pensons pas.

Quant aux devoirs de famille, c'est la première fois qu'on les voit figurer dans une loi ayant trait au travail. Nous sommes d'avis de supprimer les mots : *et de famille.*

La loi belge a une disposition qui nous paraît plus heureuse. Le chef d'entreprise, dit l'article 11, a l'obligation de donner à l'ouvrier le temps

4

incomber en vertu des règles spéciales sur la responsabilité.

Ces obligations sont interprétées plus ou moins rigoureusement suivant les circonstances et notamment en considération de l'âge de l'employé et de la durée de ses services.

§ 3 *supprimé.*

SECTION II. — *Obligations de l'employé.*

ART. 42.

Pendant l'exécution du contrat, l'employé est tenu :

1° D'accomplir sa tâche avec soin en se conformant aux ordres et instructions de l'employeur et de ses représentants ; 2° de respecter les convenances et les bonnes mœurs ; 3° d'éviter tout ce qui pourrait compromettre sa sécurité, celle de ses collaborateurs et celle des tiers.

Il doit restituer en bon état à l'employeur les matières premières non utilisées ainsi que les instruments ou objets quelconques qui lui ont été confiés. Toutefois il n'est tenu compte ni des détériorations et de l'usure dues à l'usage normal de ces objets, ni du cas fortuit et de la force majeure.

ART. 42.

Conforme.

ART. 43.

L'employé ne peut se faire remplacer dans l'exécution de son travail que s'il y est autorisé par le contrat ou par l'usage. Dans ce cas, le remplaçant doit être expressément ou tacitement agréé par l'employeur. A moins de convention contraire, le remplaçant est entièrement substitué au remplacé dans le contrat ; il a une action directe contre l'employeur et l'employeur contre lui. Le remplacé est dégagé de toute responsabilité quant au choix ou aux fautes du remplaçant.

ART. 43.

L'employé ne peut se faire remplacer dans l'exécution de son travail que s'il y est autorisé par le contrat ou par l'usage. Dans ce cas, le remplaçant doit être agréé par l'employeur. A moins de convention contraire, le remplaçant est entièrement substitué au remplacé dans le contrat ; il a une action directe contre l'employeur et l'employeur contre lui. Le remplacé est dégagé de toute responsabilité quant au choix ou aux fautes du remplaçant.

nécessaire pour remplir les devoirs de son culte, les dimanches et autres jours fériés, ainsi que les obligations civiques *résultant de la loi.*

L'addition des mots : *résultant de la loi* serait une garantie contre l'extension abusive que l'on pourrait donner aux mots : *devoirs civiques.*

Le § 2 rappelle *in fine* les obligations incombant à l'employeur en matière de responsabilité, c'est parfaitement inutile.

Le § 3 est encore plus inutile, car si le juge doit statuer, il tiendra forcément compte des circonstances, de l'âge, des services rendus, etc.

Le § 3 est donc à supprimer comme une superfétation.

Art. 42 et 43.

Ces deux articles traitent des obligations de l'employé.

Nous n'avons pas d'observation à présenter sur l'article 42.

Sur l'article 43, la Commission est d'avis que le remplaçant *doit être agréé* par l'employeur, mais sans qu'il soit besoin de dire si c'est expressément ou tacitement ; le contrat de travail et les usages préciseront comment l'agrément du chef d'entreprise doit se manifester.

TITRE V

Cessation et rupture du contrat de travail.

Art. 44.

Les obligations résultant du contrat de travail prennent fin, soit dans les conditions prévues par les parties, telles que l'expiration de la durée convenue, l'achèvement de l'ouvrage, soit par la force majeure, soit par la volonté des contractants dans les conditions ci-après.

Art. 45.

Le contrat de travail à durée indéterminée peut toujours cesser par la volonté de l'une des parties contractantes.

Art. 46.

Toutefois, sauf dans les cas prévus ci-après, la partie qui prend l'initiative de la résolution doit prévenir l'autre partie, soit une semaine au moins à l'avance, s'il s'agit d'un ouvrier ou d'un serviteur, soit un mois au moins, s'il s'agit d'un employé proprement dit ou d'un ouvrier assimilé à un employé.

Art. 47.

Les délais prévus à l'article précédent pourront être, à la requête des intéressés, réduits ou augmentés, pour une profession ou une spécialité déterminées, dans une localité ou une région déterminées, s'il est établi par une enquête que les délais ainsi réduits ou augmentés sont conformes aux usages locaux, ou répondent aux vues des patrons et des ouvriers.

La requête des intéressés sera adressée au juge de paix. L'enquête sera faite par un comité constitué et fonctionnant conformément à la procédure établie par les articles 2, 3, 4, 5 et 6 de la loi du 27 décembre 1892.

TITRE V

Cessation et rupture du contrat de travail.

Art. 44.

Conforme.

Art. 45.

Conforme.

Art. 46.

Conforme.

Art. 47.

Les délais prévus à l'article précédent ne seront applicables qu'en l'absence de convention particulière, de règlement d'atelier, de convention collective ou d'usages généralement pratiqués dans la profession.

§ 2 *supprimé.*

Art. 44.

Pas d'observation.

Art. 45.

Pas d'observation (c'est la reproduction de l'article 1780 § 2 du Code civil).

Art. 46 et 47.

L'article 46 pose l'obligation d'un délai-congé et en fixe la durée à une semaine pour l'ouvrier et à un mois pour l'employé ou l'ouvrier assimilé à un employé, ces délais pouvant être augmentés ou réduits aux termes de l'article suivant.

La question du délai-congé qui a motivé des discussions longues et approfondies au Conseil supérieur du travail reçoit ainsi une solution qui ne saurait être acceptée telle qu'elle est présentée.

En effet, le délai-congé et sa durée nous paraissent dépendre essentiellement du contrat individuel, c'est-à-dire de la libre discussion de l'employeur et de l'employé. Ce n'est qu'à défaut de convention particulière que l'on peut faire appel d'abord aux conventions collectives dont il a été question dans le projet, si les parties ont concouru à leur formation, et enfin aux usages de la profession.

L'ordre dans lequel nous venons d'indiquer les diverses manières d'être fixé sur le délai-congé n'est pas arbitraire ; c'est par respect des principes de liberté individuelle que cet ordre est adopté. En premier lieu, le contrat de travail personnel qui a pu être conclu, par les parties, soit par une convention écrite synallagmatique, soit par l'acceptation d'un règlement d'atelier. C'est ce premier contrat qui doit être respecté car c'est la que la volonté personnelle s'est manifestée.

En second lieu si une convention collective consacrant des usages professionnels a été conclue, toutes les parties contractantes sont tenues à la respecter jusqu'à retraite régulière.

En troisième lieu, les usages interviennent à défaut de convention personnelle ou de convention collective.

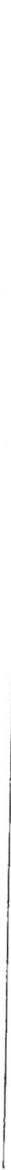

Comme conséquence de ce qui précède, la Commission fait toutes réserves au sujet de l'obligation du délai-congé. Elle demande que non seulement, ainsi que l'article 17 le prévoit, « les délais prévus puissent être, à la « requête des intéressés, réduits ou augmentés, etc., mais encore *supprimés* » ainsi que l'avait d'ailleurs admis, en 1904, la Commission permanente du Conseil supérieur du travail.

A ce moment, il avait été reconnu que dans de nombreuses industries, surtout dans le bâtiment de la région parisienne, le délai-congé n'existait pas et ne pouvait pas exister.

En conséquence, la Commission permanente admettait que ce délai-congé qu'elle aurait voulu comme le projet actuel fixer à une semaine pour l'ouvrier et le serviteur à un mois pour l'employé et l'ouvrier assimilé, pouvait être modifié ou *supprimé* par des conventions particulières ou par règlement d'atelier.

Nous sommes d'avis de revenir au système proposé par la Commission permanente et par suite de modifier le paragraphe 1er de l'article 47 comme indiqué plus haut. Quant à l'enquête compliquée[1] organisée par le paragraphe 2 conformément à la loi du 27 décembre 1892, il devient parfai-

---

[1] Voici les articles cités de la loi du 27 décembre 1892.

Art. 2. — Les patrons, employés ou ouvriers, adressent, soit ensemble, soit séparément, en personne ou par mandataire, au juge de paix du canton ou de l'un des cantons où existe le différend une déclaration écrite contenant les noms, qualités et domiciles des demandeurs ou de ceux qui les représentent, l'objet du différend avec l'exposé succinct des motifs allégués par la partie, les noms, qualités et domiciles des personnes auxquelles la proposition de conciliation ou d'arbitrage doit être notifiée, les noms, qualités et domiciles des délégués choisis parmi les intéressés par les demandeurs pour les assister ou les représenter sans que le nombre des personnes désignées puisse être supérieur à cinq.

Art. 3. — Le juge de paix délivre récépissé de cette déclaration, avec indication de la date et de l'heure du dépôt, et la notifie sans frais dans les vingt-quatre heures à la partie adverse ou à ses représentants, par lettre recommandée ou, au besoin, par affiches apposées aux portes de la justice de paix du canton et à celles de la mairie des communes sur le territoire desquelles s'est produit le différend.

Art. 4. — Au reçu de cette notification et, au plus tard, dans les trois jours, les intéressés doivent faire parvenir leur réponse au juge de paix. Passé ce délai, leur silence est tenu pour refus.

S'ils acceptent, ils désignent dans leur réponse les noms, qualités et domiciles des délégués choisis pour les assister et les représenter sans que le nombre des personnes désignées puisse être supérieur à cinq.

Si l'éloignement ou l'absence des personnes auxquelles la proposition est notifiée, ou la nécessité de consulter des mandants, des associés ou un Conseil d'administration, ne permettent pas de donner une réponse dans les trois jours, les représentants desdites personnes doivent, dans ce délai de trois jours, déclarer quel est le délai nécessaire pour donner cette réponse.

Cette déclaration est transmise par le juge de paix aux demandeurs dans les vingt-quatre heures.

Art. 5. — Si la proposition est acceptée, le juge de paix invite d'urgence les parties ou les délégués par elles à se réunir en Comité de conciliation.

Les réunions ont lieu en présence du juge de paix qui est à la disposition du Comité pour diriger les débats.

Art. 6. — Si l'accord s'établit dans ce Comité, sur les conditions de la conciliation, ces conditions sont consignées dans un procès-verbal dressé par le juge de paix et signé par les parties ou leurs délégués.

Art. 48.

Pendant la période de délai-congé, l'ouvrier disposera de deux heures au moins par jour pour chercher du travail.

Art. 48.

Pendant la période de délai-congé, l'ouvrier disposera de deux heures au moins par jour pour chercher du travail.

Ces deux heures sont à la charge de celui qui a donné congé et seront choisies d'un commun accord entre les parties.

tement inutile si on décide, comme l'indique la Commission permanente, que des conventions particulières, des règlements d'atelier peuvent solutionner la question du délai-congé. Nous en demandons donc la suppression.

Il semble en effet bien excessif de mettre en mouvement un mécanisme aussi compliqué, simplement pour déterminer si la réduction, augmentation et suppression des délais-congés sont conformes aux usages locaux ou aux vues des *employeurs* et *employés* (A remarquer que ce projet de loi emploie ici les mots de *patron* et *ouvrier*. Pourquoi?)

D'ailleurs l'article 24 porte que là où l'entreprise le comporte, le règlement d'atelier doit indiquer : (3°) la durée du délai-congé. La question est donc ainsi laissée à l'accord des parties. Pourquoi modifier cette disposition?

En résumé, le *statu quo* en matière de délai-congé paraît préférable aux innovations proposées; jamais une fixation du délai-congé ne pourra se faire par la loi, sans gêner considérablement certaines industries et pour une même industrie plusieurs régions où les usages ne sont pas uniformes.

Le délai-congé peut convenir et convient en fait à de très nombreuses professions, mais il en est d'autres où le délai-congé est très réduit et même où il n'existe pas.

Cette absence de délai-congé est voulue d'un commun accord par les ouvriers et les patrons; pourquoi obliger les uns et les autres à des formalités ennuyeuses destinées à confirmer un accord qu'ils ne mettent plus en discussion.

D'autre part, il y a une très grande variété de délai-congés ; les uns d'un jour, d'autres de deux, trois, cinq, six, sept et huit jours. Tous ceux qui seront différents des délais fixés par le projet de loi devront être l'objet d'une enquête faite conformément aux prescriptions de la loi du 27 décembre 1892, ce qui est absurbe.

Nous proposons donc de rédiger ainsi l'article 47, dont le paragraphe 2 serait supprimé :

« Les délais prévus à l'article précédent ne seront applicables qu'en l'absence de convention particulière, de règlement d'atelier, de convention collective ou d'usages généralement pratiqués dans les professions. »

Art. 48.

Cet usage est assez général et il n'y aurait aucun intérêt à le faire figurer dans la loi, car son application, variable avec les industries et les régions, est subordonnée à de multiples nécessités.

Puisqu'il entre dans les intentions du projet de loi de viser cette question, il y aura lieu de préciser deux points. 1° Conformément à ce qui se passe dans de nombreux commerces et industries, les deux heures données

ART. 49.

Le renouvellement continu du contrat de travail à durée déterminée soumet les parties à l'obligation du délai-congé dans les limites des dispositions de la présente loi.

ART. 49.

Article 49 à supprimer si l'article 47 modifié n'est pas adopté.

ART. 50.

L'obligation du délai-congé n'est pas applicable au cas où le louage de services serait résilié avant l'expiration d'une période égale à une quinzaine, s'il s'agit d'un ouvrier ou d'un serviteur, à un mois s'il s'agit d'un employé proprement dit. Elle ne s'applique pas, en outre, lorsque la résiliation résulte d'un cas de force majeure ou d'une faute grave.

ART. 50.

Conforme.

ART. 51.

Les modifications apportées au contrat individuel de travail pendant son exécution par un règlement d'atelier qui n'aurait pas été accepté expressément par les employés, ou appliqué sans protestation de leur part pendant une durée égale à celle du délai-congé, sont pour les employés une cause légitime de rupture.

ART. 51.

Conforme.

ART. 52.

La partie qui n'a pas observé le délai visé par

ART. 52.

pour chercher du travail seront payées par l'employeur si c'est lui qui a donné congé, elles ne seront pas payées si c'est l'employé qui a donné congé.

D'autre part, afin de ne pas gêner la marche d'un établissement par le départ intempestif d'un ouvrier, il conviendra de dire que les deux heures accordées devront être choisies d'un commun accord et le texte complété en conséquence.

Art. 49.

Cet article, d'après l'*Exposé des motifs*, a pour but de mettre fin à la pratique de certains employeurs qui, pour échapper à l'obligation du délai-congé, engagent dans la forme les ouvriers à la journée et renouvellent chaque jour cet engagement.

Le but restrictif de cet article étant connu, il importe ou de le supprimer ou de restreindre sa portée en l'empêchant d'entraver le contrat de travail journalier qui est un mode de travail comme un autre. On a vu plus haut que nous demandions : sous l'article 47, qu'en matière de délai-congé, l'autorité restât d'abord au contrat individuel, puis au règlement d'atelier et enfin à la convention collective.

Le délai-congé stipulé à l'article 47 ne serait ainsi appliqué qu'à défaut d'existence de l'une des conventions ci-dessus.

Si cette modification est acceptée, nous ne verrions aucun inconvénient à accepter le texte de l'article 49. Dans le cas contraire, cet article devrait être supprimé.

Art. 50.

Ce texte doit être approuvé parce qu'il est conforme aux principes du droit et de l'équité.

Art. 51.

La faculté de retraite expressément indiquée dans cet article est implicitement renfermée dans l'article 26 sur le règlement d'atelier.

L'article 51 aurait pu être supprimé comme faisant double emploi *parte in quâ* avec l'article 27, mais il n'y a aucun inconvénient à ce double emploi.

Art. 52.

Ces dispositions ne peuvent qu'être approuvées, mais sous réserve que

les dispositions précédentes est tenue envers l'autre partie à des dommages-intérêts égaux au délai qui devait être observé.

Conforme.

Art. 53.

Ces dommages ne se confondent pas avec ceux auxquels peut donner lieu, en outre, la résolution abusive du contrat par la volonté d'une des parties contractantes ; le tribunal, pour apprécier s'il y a abus, pourra faire une enquête sur les circonstances de la rupture. Il devra, en tout cas, demander à la partie qui a rompu le contrat les motifs de la rupture.

Art. 53.

Ces dommages ne se confondent pas avec ceux auxquels peut donner lieu, en outre, la résolution abusive du contrat par la volonté d'une des parties contractantes.

Art. 54.

Pour la fixation de l'indemnité allouée dans ce dernier cas, il est tenu compte des usages, de la nature des services engagés, du temps écoulé, des retenues opérées et des versements effectués en vue d'une pension de retraite, et, en général, de toutes les circonstances qui peuvent justifier l'existence et déterminer l'étendue du préjudice causé.

Les parties ne peuvent renoncer à l'avance au droit éventuel de demander des dommages-intérêts, en vertu des dispositions du présent article.

Art. 54.

l'employeur pourra trouver en face de lui un employé solvable quand il aura à les invoquer. Sous l'article 36, nous avons demandé la faculté de retenir au besoin 1/5 de salaire pour constituer une garantie ou cautionnement.

ART. 53.

Nous retrouvons dans cet article qu'il faut compléter par l'article 54, la même arrière pensée d'aggraver la situation de l'employeur. L'exposé des motifs dit que l'article 53 reprend le § 3 de l'article 1780 du Code civil. C'est vrai, mais avec des additions qui ont pour but d'en altérer la portée actuelle. La loi belge de 1900 déjà souvent citée contient, dans la partie semblable à celle que nous examinons, un article 23 ainsi conçu :

« Néanmoins, la partie lésée peut, *mais à charge de prouver l'existence* « *et l'étendue du préjudice allégué,* réclamer des dommages-intérêts, qui « ne seront, en aucun cas, cumulés avec l'indemnité déterminée à l'article « précédent (celle du délai-congé non observé). »

Comme on le voit, la loi belge se garde bien de dicter des ordres aux magistrats ; et cela se conçoit dans l'intérêt bien entendu des employés. Il peut arriver et il arrive souvent qu'un employé est renvoyé pour insuffisance de savoir, et aussi pour des motifs de délicatesse difficiles à fournir quand on ne veut pas nuire aux employés. Ainsi un caissier qui joue aux courses et qui dépense beaucoup plus que son appointement, est évidemment un danger pour son employeur. Avec le texte proposé de l'article 53, le patron devra, en cas de renvoi du caissier, donner le motif du renvoi. Ce serait faire un cadeau dangereux aux employés.

Il nous a semblé que la pratique actuelle qui a permis d'appliquer l'article 1780 du Code civil suffit amplement à la défense de tous les intérêts légitimes. Nous serions donc d'avis de supprimer, dans l'article, à partir des mots : « *le tribunal pour apprécier, etc.... »*

ART. 54.

Ces dispositions sont celles inscrites dans l'article 1780 du Code civil.

ART. 55.

Les constatations auxquelles pourra donner lieu l'application des paragraphes précédents, lorsqu'elles seront portées devant les tribunaux civils et devant les Cours d'appel, seront instruites commes affaires sommaires et jugées d'urgence.

ART. 55.

Conforme.

ART. 56.

La grève est, sauf manifestation contraire de la volonté de l'une ou de l'autre partie, une suspension du contrat de travail.

Le refus par l'une des parties de recourir à la procédure de conciliation ou à l'arbitrage dans les formes instituées par les lois spéciales, sera considéré comme une rupture du contrat, du fait de cette partie.

Dans les services publics et dans les établissements industriels de l'Etat dont le fonctionnement ne saurait être interrompu sans compromettre les intérêts de la défense nationale, la grève, ou cessation concertée du travail, est *ipso facto* une rupture du contrat de travail.

ART. 56.

La grève, ainsi que toute suspension concertée du travail, est toujours une rupture du contrat de travail.

Supprimé.

Supprimé.

Art. 55.

L'article ne nous paraît pas clair. L'auteur du projet a copié purement et simplement le dernier paragraphe de l'article 1780 du Code civil, mais n'a pas remarqué que ce paragraphe se référait à des paragraphes de l'article 1780 du Code, et non à des articles du projet de loi où l'article 1780 a été découpé en tranches. La procédure indiquée est celle des tribunaux civils (1er degré) et Cour d'appel (2e degré). Mais il n'est rien dit du Conseil de prud'hommes, du juge de paix, du tribunal de commerce. Nous espérons que, à quelque degré de juridiction qu'ils statuent, les tribunaux civils et d'appel instruiront les affaires du travail comme affaires sommaires et les jugeront d'urgence.

Art. 56.

Cet article est un des plus importants du projet de loi. L'exposé des motifs dit que la jurisprudence de la Cour de Cassation tient la grève pour une rupture du contrat de travail, mais l'auteur du projet de loi estime que la Cour de Cassation devrait distinguer lorsqu'il y a rupture expresse ou seulement suspension du contrat.

Le criterium suggéré par l'exposé des motifs du projet de loi est assez difficile à saisir et, dans tous les cas, le texte de l'article n'est pas d'accord avec l'exposé, puisqu'il est posé en principe que la grève est une suspension du contrat de travail.

Nous repoussons absolument cette définition et maintenons que la grève est *toujours* une rupture du contrat de travail.

Il est enfantin de soutenir comme l'*Exposé des motifs* que, dans nombre de cas, employeurs et employés considèrent la grève comme une suspension du contrat de travail, parce qu'ils se prêtent à des tentatives de conciliation. La raison n'est pas déterminante et se retournerait plutôt contre la thèse soutenue. En effet, qu'est-ce que la conciliation? C'est un arrangement par concessions réciproques. Or, s'il s'agit de concessions c'est que les conditions primitives du travail ont cessé de plaire et qu'on en demande le remplacement par d'autres. Il s'agit donc bien d'un nouveau contrat.

D'ailleurs, la Cour de Cassation ne s'y est pas trompée, quand elle a décidé que la grève était une rupture du contrat de travail ; il en serait de même en cas de *lock out* patronal.

Il s'ensuit de la qualification juridique donnée à la grève que si elle intervient sans respecter le délai-congé (s'il en existe un), les grévistes doivent être condamnés à des dommages-intérêts envers les employeurs ; de même, ces derniers devraient être condamnés à des dommages-intérêts envers les employés, s'ils proclamaient le *lock out* sans respecter le délai-congé.

En effet, que l'on suppose un employé voulant rompre le contrat de travail, il est obligé de tenir compte du délai-congé, sous peine de s'exposer à payer des dommages-intérêts ; pourquoi vouloir permettre à l'ensemble des employés ce que l'on refuse à un seul ?

Si la grève est un moyen donné par la loi aux employés pour appuyer leurs revendications et les faire aboutir, il faut cependant que l'emploi de ce moyen, légal en lui-même, respecte les conventions tacites ou expresses.

La convention de travail comporte des obligations synallagmatiques, bilatérales, qu'il faut avoir l'honnêteté de signaler aussi bien aux employeurs qu'aux employés. L'obligation de respecter le délai-congé partout où il existe, en est une.

L'employeur, d'une part, ne peut procéder au *lock out* et l'employé, d'autre part, ne peut cesser le travail sans respecter le préavis.

Dans la thèse contraire — celle que préconise le projet de loi — la grève n'étant qu'une suspension du contrat de travail, le respect du délai-congé ne serait plus obligatoire, et par suite *grève* et *lock out* n'entraîneraient aucune obligation de préavis, tout en pouvant l'un et l'autre donner lieu à l'application des articles 53 et 54.

Quel est, indépendamment des considérations juridiques que nous venons de rappeler, le système qui convient le mieux à l'harmonie sociale et au bien commun ?

Le respect du délai-congé tant par les employeurs que par les employés ne peut avoir que de bons effets. Ce délai-congé, si court soit-il, donne quelques jours, quelques heures même de réflexion avant la grève, et ce court laps de temps peut permettre à des difficultés de s'aplanir, à des explications de s'échanger et, par suite, peut éviter une cessation du travail.

Nous espérons que le Parlement ne suivra pas l'auteur du projet de loi sur le terrain glissant de l'article 56. Le Parlement ne voudra pas consacrer ce non-sens que le départ brusque d'un employé comporte une sanction et que le départ brusque d'une foule d'employés, de la totalité même des employés d'une usine, n'est pas répréhensible.

Juridiquement la grève n'est pas un motif de rupture immédiate du contrat de louage : elle est, en effet, un événement auquel l'ouvrier est libre d'accorder ou de refuser son consentement, et qui ne lui est pas imposé par une volonté à laquelle il ne lui serait pas possible de se soustraire ; elle ne peut être considérée comme un cas de force majeure et, par suite, autoriser l'ouvrier à violer les obligations de droit commun qu'il a pu contracter avec son patron, nul ne pouvant alléguer son propre fait comme constituant à son propre égard un cas de force majeure. L'exercice du droit de grève ne dispense donc pas l'ouvrier qui veut quitter l'atelier d'en avertir son patron et de lui donner le temps fixé pour le remplacer.

De ces principes consacrés par la jurisprudence des tribunaux français,

il résulte que l'ouvrier qui, sous prétexte de grève, quitte son travail, doit être considéré comme démissionnaire, ayant lui-même rompu le contrat de louage et, par suite, il ne saurait prétendre imposer à son patron de l'occuper à nouveau dans ses ateliers après que la grève aura pris fin. Il est donc nécessaire qu'un nouveau contrat intervienne pour que l'ouvrier puisse reprendre le travail.

C'est cette jurisprudence si raisonnable que le projet de loi veut anéantir et qu'au contraire nous vous demandons de défendre en proposant le remplacement du § 1er par les mots suivants :

La grève est toujours une rupture du contrat de travail.

Cette modification du § 1er entraîne la disparition du § 2.

C'est dans le dernier paragraphe du dernier article du projet de loi que se révèle la partialité de l'auteur dudit projet.

Si pour le commerce et l'industrie la grève n'est pas une cause de rupture du contrat, pourquoi en serait-elle une pour l'Etat? Parce que, dit le projet, le fonctionnement des services publics et des établissements industriels de l'Etat ne saurait être interrompu, sans compromettre les intérêts de la défense nationale. La raison n'est pas sans importance, mais est-ce que dans l'industrie et le commerce du pays, il n'y a pas des intérêts respectables à défendre? Comment, les industries et commerces, qui par leur activité permettent au pays de produire les ressources nécessaires au paiement de l'impôt, de l'impôt qui assure précisément le fonctionnement des services publics et la défense nationale, seraient, de parti pris, livrés sans défense aux fauteurs de désordre, qui se verraient encouragés par les lois à multiplier les grèves et à les propager !

Nous espérons, Messieurs, que le Parlement ne se laissera pas entraîner sur la pente dangereuse offerte par le projet de loi que nous venons d'étudier ; l'industrie et le commerce de notre pays, tant employeurs qu'employés auraient trop à en souffrir.

Nous nous sommes efforcés d'indiquer les améliorations raisonnables qui peuvent être apportées à la réglementation du travail sans préjudicier à la liberté individuelle, au droit que tout homme possède de travailler. Nous repoussons toute mesure oppressive ou tyrannique pouvant nuire à la liberté du travail tout en acceptant que, dans une juste mesure, l'employé discute et défende ses intérêts à l'égard de l'employeur. Nous disons : dans une juste mesure parce qu'il ne faut pas laisser croire que les uns et les autres aient des droits égaux sur la direction des entreprises. Le dernier mot doit appartenir à celui sur qui pèse la responsabilité, c'est-à-dire au chef d'industrie ou de commerce. Toute loi qui permettrait d'ébranler ce principe serait néfaste parce qu'elle arrêterait net l'esprit d'initiative et, par suite, menacerait l'existence du travail national.

Ce rapport entendu, après discussion et échange d'observations entre plusieurs membres, le Conseil central de l'Union des Chambres syndicales lyonnaises l'adopte dans ses termes et conclusions, le transforme en délibération et en décide l'envoi aux Pouvoirs Publics, aux membres de la Chambre des députés, aux Chambres de commerce et Unions de Syndicats de France.

POUR COPIE CONFORME :

Le Secrétaire,
A. RIVOIRE.

Lyon. — Imprimerie A. Rey et Cⁱᵉ, 4, rue Gentil. — 45187